职业教育电子商务专业系列教材

电商文案
策划与创作

严梦甜 主 编
沈 捷 章玎玎 陆 野 副主编

清华大学出版社
北京

内 容 简 介

本教材将电商文案岗位的工作内容整合成 5 个篇章，分别为认知篇、准备篇、卖家篇、达人篇和优化篇。本教材引用了大量的案例资料，且每个项目均以任务驱动、情境模拟的方式进行设计，每个篇章都包括教学目标、思维导图、案例引入、知识学习、项目实施、实训评价、工具表、同步测试、延伸阅读等内容。本教材注重理论与实践相结合，强调锻炼学习者的电商文案策划与创作的能力，着眼于培养具备软性思维和创新创意能力的营销人才。

本教材不仅可以作为高等院校、高职高专院校电子商务、市场营销、经济管理等相关专业的教材，也可供电子商务或市场营销岗位从业人员学习和参考。

本书封面贴有清华大学出版社防伪标签，无标签者不得销售。

版权所有，侵权必究。举报：010-62782989，beiqinquan@tup.tsinghua.edu.cn。

图书在版编目(CIP)数据

电商文案策划与创作 / 严梦甜主编 . —北京：清华大学出版社，2024.5
职业教育电子商务专业系列教材
ISBN 978-7-302-66113-9

Ⅰ.①电… Ⅱ.①严… Ⅲ.①电子商务－策划－写作－高等职业教育－教材 Ⅳ.① F713.36 ② H152.3

中国国家版本馆 CIP 数据核字 (2024) 第 085116 号

责任编辑：施　猛　张　敏
封面设计：常雪影
版式设计：方加青
责任校对：马遥遥
责任印制：丛怀宇

出版发行：清华大学出版社
网　　址：https://www.tup.com.cn，https://www.wqxuetang.com
地　　址：北京清华大学学研大厦 A 座　　　邮　编：100084
社 总 机：010-83470000　　　　　　　　　邮　购：010-62786544
投稿与读者服务：010-62776969，c-service@tup.tsinghua.edu.cn
质 量 反 馈：010-62772015，zhiliang@tup.tsinghua.edu.cn
印 装 者：三河市铭诚印务有限公司
经　　销：全国新华书店
开　　本：185mm×260mm　　　印　张：17.5　　　字　数：405 千字
版　　次：2024 年 6 月第 1 版　　印　次：2024 年 6 月第 1 次印刷
定　　价：59.00 元

产品编号：098500-01

前　言

习近平总书记强调，要"用心打造培根铸魂、启智增慧的精品教材，为培养德智体美劳全面发展的社会主义建设者和接班人、建设教育强国做出新的更大贡献"。本教材的编写坚持正确方向，用习近平新时代中国特色社会主义思想铸魂育人，将党的二十大精神落到教材实处。

1. "四商"并行，确定教材思想

党的二十大报告提出，继续推进实践基础上的理论创新，首先要把握好习近平新时代中国特色社会主义思想的世界观和方法论，坚持好、运用好贯穿其中的立场观点方法。习近平新时代中国特色社会主义思想的世界观和方法论，即"六个必须坚持"，必须坚持人民至上，必须坚持自信自立，必须坚持守正创新，必须坚持问题导向，必须坚持系统观念，必须坚持胸怀天下。

新时代的商业内容创作者，需要以新时代中国特色社会主义思想的世界观和方法论作为创作基础，不仅"懂商业""会营销"，同时还能"讲道义""有拼劲"。因此，本教材的思政目标定位为"铭商义、遵商道、精商术、创商路"。

2. "三式"结合，搭建教材框架

教材采用任务式、工具式、活页式，"三式"结合，搭建教材框架。教材分为认知篇、准备篇、卖家篇、达人篇、优化篇5个篇章，每个篇章结合知识点和技能点设计若干个任务，通过任务驱动，引导学生主动探究。

配合每个任务，教材编写团队与企业联合开发了文案工具表，将理论知识图表化，读者可以借助工具表开展创意思维，进行内容策划与创作，大大提高了学习效率。在课堂上，工具表可以作为课堂纸质作业上交。在企业里，这些工具表可以作为企业创意部门与其他部门进行沟通交流的工单，有着很强的实用性。

活页装订，一本多用，读者可以根据自身的需要拆分教材，既可以是商家内容营销的白皮书，也可以是自媒体运营手册。将所有的工具表拆分装订，又可以变成电商文案工具书；将教材内的案例和经典范文进行装订，又可以是一本电商文案案例集。

3. "岗课赛证创"一体，充实教材内容

在教材的内容设计方面，融入了"岗课赛证创"的元素，充实教材内容，让教材更贴近岗位，更适合教学，更符合职业标准，更能调动学生。

首先，以岗位流程为基础，设置教学篇章。根据电商文案岗位的操作流程，分为认知、准备、实施、优化四个环节。同时根据岗位调研，细化每个篇章的工作任务。

其次，教材中的每一个任务，都可以对应课堂中的每一次教学。教材中的任务分为知识学习和项目实施两个部分。知识学习部分，用经典民族企业案例和校企合作的实践案例来阐述理论知识；项目实施部分，依托企业真实项目，细化操作流程和步骤，通过填写工具表将教学效果成果化。两部分内容理实结合，读者边学边练，在任务中掌握新知，在实战中提升技能。

同时，在教材内容中融入了"电商技能""短视频运营""直播电商运营"等技能竞赛和"自媒体运营""社交电商""网店运营推广"等1+X技能等级证书内容，力求通过有限的教材内容，启发读者拓展无限的创意思维，并影响到其他相关领域，鼓励读者在学习的过程中，进行创新、创业。

4. 思政融入，精准化培养"大我"精神

全书的思政理念，来源于党的二十大精神，并精准融入教材教学目标、案例分析、实训目标、实训评价等环节。认知篇帮助读者树立岗位意识、社会责任；准备篇着重培养创新精神、软性思维；卖家篇要求创作者以人为本、诚信经营；达人篇以自信自立、守正创新为主旨，培养胸怀天下、传播正能量的网络红人；优化篇坚持系统观念和问题导向，帮助读者在多变的电商环境中，抓住本质解决问题。

本教材提供配套资源，扫描下方二维码可见。

电子商务作为新兴产业，发展迅猛，知识的更新迭代非常快，本书许多相关概念和观点在理论及实践层面还有待发展和更新。由于编者水平有限，书中难免存在疏漏与不当之处，衷心希望各位读者提出宝贵的意见，以便持续完善本书。反馈邮箱：shim@tup.tsinghua.edu.cn。

严梦甜

2024年1月24日

目 录

第一篇 认知篇 ... 1

任务一 认识电商文案 ... 2
任务二 电商文案的职业发展 ... 11

第二篇 准备篇 ... 27

任务一 who：分析用户画像 ... 29
任务二 what：确定内容大纲 ... 37
任务三 where：选择投放渠道 ... 49
任务四 how：文案创意 ... 59

第三篇 卖家篇 ... 74

任务一 海报文案 ... 76
任务二 详情页文案 ... 91
任务三 活动策划 ... 109
任务四 内容营销文案 ... 122

第四篇 达人篇 ... 145

任务一 账号定位 ... 147
任务二 内容选题 ... 157
任务三 打卡文案 ... 168
任务四 种草文案 ... 181
任务五 社交文案 ... 194
任务六 资讯文案 ... 205
任务七 短视频文案 ... 213
任务八 直播策划 ... 227

第五篇　优化篇 ··· 240

　任务一　传播优化 ··· 241
　任务二　数据分析与优化 ··· 253
　任务三　自我优化 ··· 264

参考文献 ··· 271

第一篇 认知篇

教学目标

知识目标
- 了解电商文案的概念
- 了解电商文案的作用
- 熟悉电商文案的运用场景
- 了解电商文案岗位的发展前景
- 了解电商文案岗位职责和技能、素养要求
- 熟悉电商文案岗位的工作流程

技能目标
- 能够区分电商文案和传统文案的异同
- 能够辨析电商文案的不同类型及特征
- 能够掌握电商文案岗位的工作流程

素质目标
- 培养学生的团队合作能力
- 培养学生的职业和法律意识
- 具备爱岗敬业的职业道德
- 树立维护风清气正网络环境的社会使命感

思维导图

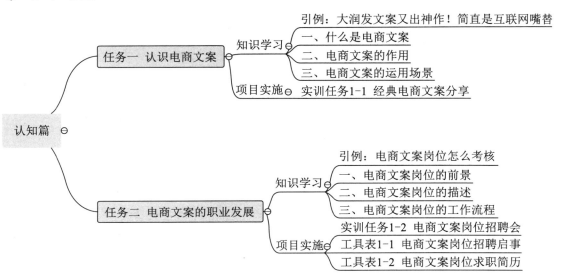

任务一　认识电商文案

扫码看视频

知识学习

📖 引例

大润发文案又出神作！简直是互联网嘴替

自从2022年6月，大润发凭借着一组极具洞察力的文案，戳中无数网友们的心并成功地火爆出圈以后，像是找到了品牌出圈的"流量密码"，在文案方面持续发力。这一次大润发把目光瞄准了放完国庆七天假，但是又要连续上班七天的打工人，推出了一组直戳打工人心窝子的趣味文案。下面一起欣赏这些有意思的文案吧，如图1-1所示。

图1-1　大润发的趣味文案

这组大润发的文案不愧是"互联网最强嘴替"，说出了多少零售人的心酸，但是也拉近了与顾客之间的距离，让顾客可以感受不一样的超市烟火气。都说灵感来源生活，大润发为"超市界顶流"，其内容营销的引流玩法，值得学习。

【资料来源：作者根据相关资料整理】

【引例分析】国庆结束后的7天上班日是全国人民都非常关注的热门话题，有着广泛的讨论度。大润发这一组烟火气文案，让水果蔬菜、鱼虾河鲜纷纷化身"互联网嘴替"，为自己代言。通过它们之口把职场人上班面临的问题和心声用一种幽默方式表达出来，引来消费者会心一笑，进而买单。同时，这些有趣的文字，也在网络上迅速发酵，帮助大润发在一众超市内快速出圈，得到了很好的宣传效果。

一、什么是电商文案

电商文案，是指以商业为目的，在互联网平台上进行发布、传播，达到让消费者信任并引起其购买欲望的内容。在互联网中，消费者可以通过图文信息、视频内容等形式获得产品或者品牌的信息，这些信息影响消费者对于产品或品牌的认识，引导消费者做出购买决策。电商文案作为电子商务时代发展的新结合的产物，是不断发展起来的。

(一) 文案的多重含义

在中国古代，文案通常包含两种意思：一种是指物，也称为"文按"，包括官署中的公文、书信，以及放书的桌子，甚至桌子上的相关物品，如笔筒、笔洗、笔架等；另一种是指桌子上写字的人，如旧时衙门中的幕僚等。

现代的文案，既是广告的一种表现形式，也是一种职业的称呼。文案来源于广告行业，是"广告文案"的简称，也是企业为达到商业目的而采取的一种广告表现形式。目前，广告界的文案有广义和狭义之说。广义的广告文案是指广告作品的全部，包括广告的语言文字、图片、创意等。狭义的广告文案仅仅指的是广告作品中语言文字部分，如广告的标题、副标题、广告语、活动主题的文字。

同时，文案也作为职业出现，文案的英文词是copywriter，译为"文案写手"，指的是专门从事创作广告文字的工作者。美国零售广告公司总裁朱迪思·查尔斯指出："文案写手，就是坐在键盘后面的销售人员。"这直接说明了文案工作人员的作用。

(二) 电商文案与传统文案的区别

电商文案是在传统文案基础上发展起来的，是传统文案与现代电子商务相结合的产物。与传统文案相比，电商文案在传播载体、内容形式、传播方式和创作角度这4个方面都有着明显的区别，如表1-1所示。

表1-1 传统文案与电商文案的区别

区别	传统文案	电商文案
传播载体	报纸、杂志、书籍等纸质媒介	互联网平台
内容形式	文字、图片	图文、H5网页、短视频、直播等新媒体形式
传播方式	单向传播	双向传播
创作角度	企业、商家	企业、商家、达人、消费者

1. 传播载体

传统文案通常是以报纸、杂志、书籍等为载体进行传播，也就是文案内容需要依托于实物载体才能进行传播；而电商文案贯穿于整个网络平台，尤其随着微博、微信、抖音等新媒体平台的发展,这些平台逐渐成为电商文案的主要"阵地"。

2. 内容形式

基于传统文案传播需要的实物载体,传统文案的内容表现形式基本是以文字和图文结合为主;而电商文案的内容表现形式更加多样,图片、视频、音频以及超链接等元素都可以用来丰富电商文案的内容。

3. 传播方式

传统文案的传播是单向的,消费者只能单方向地接受企业向其传递的信息,无法与企业方进行即时的交流;而电商文案的传播是双向的,消费者可以通过留言、弹幕、回帖等方式与企业方互动,企业方也能够及时获得消费者的反馈,建立双向沟通机制,沟通更加方便。

如图1-2所示,王老吉通过自身微博账号,宣传最新推出的产品"王老吉百家姓罐"。在微博评论区,消费者可以通过留言直接反馈自己对于新产品的态度,以及遇到的问题,商家也可以第一时间掌握消费者对于新产品的看法,并给出相应的回复,大大缩短了新品的市场反应时间,实现商家与消费者的双向沟通。

图1-2 王老吉官方微博页面

4. 创作角度

传统文案一般由企业、商家进行投放,他们从自身角度进行创作,倾向于对自身品牌的塑造和企业文化的宣传;而电商文案创作者的身份多种多样,除了企业、商家外,还有在某些领域有话语权的意见领袖(也称为达人),甚至是消费者都可以成为创作者,创作者通过文案内容分享和推荐，刺激购买。

(三) 电商文案的特点

通过与传统文案的对比，可以发现，电商文案虽然是由传统文案发展而来的，但自身特点鲜明。电商文案的特点主要表现在传播速度快、内容时尚性、互动趣味性和人群精准性这4个方面。

1. 传播速度快

电商文案遍布在各个网络平台上，不受空间和地域的限制，能够被广大用户查看，且容易被复制、转载、分享等，传播范围非常广泛，传播速度也很快。

2. 内容时尚性

基于网络的特点，电商文案没有固定的内容结构，用语也比较自由，可以使用网络流行的新词、热词吸引消费者，引起他们的关注。

3. 互动趣味性

通过电商文案的双向沟通，消费者可以借助微博、微信等社交平台，直接与企业品牌进行沟通。企业、商家还可以通过游戏互动赠送优惠券，增进相互之间的交流。而且，有些电商文案更乐于引导消费者进行二次创作，鼓励消费者分享其再创作内容。

4. 人群精准性

各个网络平台都有明显的人群特征，每个消费者的网络行为也都会被数据记录。企业、商家可以根据目标人群的特点选择相关信息的推送及广告投放。

二、电商文案的作用

电商文案是具有商业目的的，它的最终目标就是能够实现销售。在电子商务时代，消费者对于商品的需求越来越多元化，只有商品满足消费者的生活需求和心理需求，消费者才会愿意为之买单，实现文案的商业价值。

(一) 更好展示产品卖点

通过电商文案，消费者可以更加清楚、全面地了解到产品的信息。没有人会在不了解产品情况的前提下就直接购买，而网络上的商品又看不见、摸不着，消费者无法真正把握商品质量的好坏和价值的大小。这时候，消费者只能通过文案内容来了解商品，在线感知商品对于自身的价值。

(二) 增进与消费者的关系

大部分的电商文案都不是单向的，而是双向的。在传播过程中，企业、商家可以获得消费者的反馈，进而根据反馈及时调整营销方向，修正各种偏差。此外，企业通过自媒体渠道可以直接触达用户，与消费者进行互动，第一时间传递店铺活动信息，促进消费者积极参与，增强用户黏性。

(三) 影响与改变消费者心智

电商文案可以让消费者对文案中描述的产品或者品牌产生信任，更容易让消费者产生购买产品的欲望。通过文案，引发消费者的情感共鸣；通过各个渠道信息的传播，让消费者多方面了解企业产品和品牌,转变消费者对于企业产品或品牌的原有认识,或者增强企业产品或品牌的好感度,让用户对产品或品牌感兴趣,为他人种草(种草:网络流行语,推荐事物给其他人,使其他人对其感兴趣或喜欢)。

(四) 促进品牌资产积累

在电商竞争日益激烈的现在,消费者更容易受到品牌传播的影响,产生购买行为,所以,电商企业会更加重视品牌资产的积累。一般来说,品牌资产包括品牌认知、品牌形象、品牌联想、品牌忠诚度和附着在品牌上的其他资产。文案可以将企业和商品品牌以各种方式形象生动地表达出来,让消费者了解品牌的形成过程、品牌所倡导的文化精神、品牌所代表的意义等,进而更容易促使消费。

三、电商文案的运用场景

电商文案的类型有很多,具有不同的功能。按照不同的分类维度,电商文案可以分成不同类型。按照作用,电商文案可以分为品牌宣传文案和商品销售文案两种;按照内容形式,电商文案可以分为海报文案、详情页文案、视频文案、活动文案、软文文案等;按照篇幅,电商文案又可以分为标题文案、短篇文案、中篇文案和长篇文案;按照风格,电商文案又可以分为燃文案、丧文案、冷淡文案、热血文案等。

(一) 网店内页

网店是电商企业进行产品销售的主要场所,网店内页也是电商文案的主要运用场景之一。网店内部通常会有很多的页面,如店铺首页、商品列表页、商品详情页、店铺活动页等。这些不同的页面是由不同类型的文案组合在一起的,以达到展示商品信息、宣传品牌形象、促进商品销售等目的。在网店内页出现最多的文案形式为海报文案和详情页文案。

1. 海报文案

海报既是一种信息传递的视觉表达形式,也是一种常见的大众化宣传工具。海报文案就是文字、图片、色彩、页面等要素在融入各种设计风格和创意思维后的有机结合。对于商家来说,海报文案是商家向消费者传递产品或品牌信息的重要载体,能够起到非常好的营销宣传效果。好的海报文案通常拥有精美的页面排版、富有创意的文字和配图,文字字数不能太多,重点突出,图文有效配合,能够使消费者过目不忘,印象深刻,进而促使消费者产生购买欲望和购买行为。图1-3为旺仔牛奶的海报。

图1-3　旺仔牛奶海报

2. 详情页文案

详情页是商家向消费者详细展示产品相关信息的页面。商家销售的商品是否能够使消费者产生兴趣并最终下单购买，其关键就在于详情页文案的好坏。详情页文案中包含的信息一般都比较多，除了产品的卖点、外观、功效、规格参数、使用方法等基本信息之外，还要有活动促销信息、品牌宣传信息、产品售后信息等。图1-4是某卫浴产品的详情页部分内容截图，在该截图中可以了解到产品的基本信息、适用人群和主要的卖点。

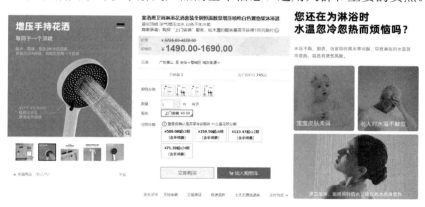

图1-4　某卫浴产品详情页截图(部分)

(二) 商家自媒体渠道

随着自媒体平台的日益发展，也出于对粉丝的管理和维护，越来越多的企业、商家选择运营自己的自媒体账号。商家的自媒体渠道包含电商平台的商家账号、企业自建网站、商家社交媒体账号等多种类型。商家可以通过自媒体渠道发布产品信息、活动信息。图1-5的左边为某淘宝商家在微博的自媒体账号发布的店铺活动文案，右边为某奶茶店在自己的微信公众号发布的新品文案。

图1-5　电商文案应用于商家自媒体渠道

(三) 外链网站

电商商家面对的消费者是使用互联网的所有用户，因此，电商文案除了可以在商家自己运营的平台和渠道发布外，还可以通过各种网络渠道进行传播，例如百度、搜狐等各类搜索引擎和资讯类网站。在外链网站中，除了产品详情页文案以外，其他的文案类型都可以运用，比较常见的有活动文案、软文文案、海报文案、视频文案等。图1-6是华为公司在外链网站上关于公司品牌宣传的文案。

图1-6 电商文案应用于外链网站

(四) 内容电商平台

随着电子商务的快速发展，消费者的行为习惯逐渐发生了变化，从最初被动接受商家信息到如今主动通过网络渠道获取内容。在这样的背景下，内容电商逐渐兴起，并成为影响消费者购物的主要因素。人们很容易受到小红书、抖音等内容电商平台的影响，对某个产品或者品牌产生兴趣。内容电商平台的文案导购性非常强，往往通过软文，让用户自发产生购物的欲望，主动去消费。图1-7为电商文案在内容电商平台的应用，左边这张图是某美食达人的餐厅打卡文案，右图为某母婴公众号关于护眼灯的推文。

图1-7 电商文案应用于内容电商平台

◎ **想一想**

你看过哪些令你印象深刻的文案？

项目实施

实训演练

实训任务1-1　经典电商文案分享

1. 实训目标

通过本任务的训练,学生能够了解电商文案的基本概念、作用,能够区分电商文案与传统文案的异同,能够辨析电商文案的应用范围,为电商文案的策划与创作打好基础;培养学生甄别优质文案的能力,树立维护风清气正网络环境的社会使命感。

2. 实训背景

好的电商文案具有很强的商业价值,可以用较小的成本引起消费者的关注,让他们对产品产生购买兴趣,从而达到企业营销推广的目的。在内容电商快速发展的今天,电商文案的作用越来越被大家所重视。你还在哪些场景下看到过电商文案?哪些电商文案令你印象深刻?

3. 相关资料

(1) 百度。
(2) 梅花网。

4. 实施步骤

(1) 以电商文案小组为单位,填写任务记录单(见表1-2),并完成下列操作内容。

表1-2　任务记录单

实训时间	
实训地点	
小组成员姓名	

(2) 学生以电商文案小组为单位进行讨论,每个成员都可以分享自己看到过的印象深刻的电商文案。

(3) 从每个成员的分享中选出最具代表性的一则电商文案,并进行详细的分析。

(4) 小组成员进行分工,利用互联网工具收集该电商文案相关信息,了解该电商文案发生的背景、策划创作过程和文案产生效果。

(5) 根据所掌握的信息,分析该电商文案成功的原因,并思考该电商文案对我们今后学习有哪些借鉴作用。

(6) 将该电商文案的相关内容与思考制作成PPT,并设计3~5分钟的演讲稿。

(7) 以小组为单位,上台分享经典电商文案案例。

5. 实训评价

实训评价内容、评价方式及对应的分值见表1-3。

表1-3 实训评价表

评价内容	分值	小组互评	教师评价
案例选取符合要求，且具有典型性	20		
案例要素齐全，包含所选电商文案的背景、策划创作过程和文案产生效果	20		
总结合理电商文案成功的原因	10		
能够提出切实可行的借鉴方案	10		
PPT制作精美	10		
演讲人声音洪亮，条理清晰	10		
团队成员合作良好，配合默契，共同完成任务	20		
总分	100		

任务二 电商文案的职业发展

扫码看视频

知识学习

引例

电商文案岗位怎么考核

在新媒体越来越重要的今天,很多公司不重视文案工作,对于文案岗位来说,他们的业绩很难被量化,比如抖音运营,可以考核播放点赞这些数据,但是这些跟业绩没有直接挂钩,而且所谓的点赞量、评论量具备很大的偶然性。对电商文案人员的考核可以从级别工资、功劳工资、周期奖金和公司分红几部分入手。

(1) 级别工资。按照B1~B7级别设定工资,每个级别设定不同的工资,比如,B1文案4000元,B2文案5000元,……B7文案15000元,一个新人和一个资深人士写的文案是有区别的,资深人士写的文案确实别具一格,质量过关,所以级别工资有差异,这是非常公平的。

(2) 功劳奖金。根据本月完成的数量和数据发放功劳奖金,比如,这个月文案人员出了一篇爆文或一条爆视频,给公司账号带来了额外的数据转化,这样就可以给他匹配的收入。

(3) 周期奖金。对于一些新店铺、新账号来说,设定周期奖金尤为重要。比如,说未来2个月内,累计完成20万的粉丝,或者说未来2个月完成多少销售额,公司就给员工发放多少的奖金,通过这样的方法可以刺激团队在短期内做出突破性贡献。

(4) 公司分红。给能够持续输出优质内容的文案人员一定的公司分红。

【资料来源:金石杂谈.文案岗位怎么考核】

【引例分析】随着互联网的快速发展,越来越多的企业将其作为自身品牌宣传、营销推广的重要阵地,由此催生出新的岗位需求——电商文案。电商文案岗位是一个需要时间、经验沉淀的岗位,其岗位考核也通常由多个部分组成,根据实际的工作效果进行判断。

一、电商文案岗位的前景

后电商时代,内容营销爆发出前所未有的能量,电商企业可以通过文案内容获取更多的效益。电商文案人才也越来越受到行业的青睐。在电商发展日益成熟、网络市场竞争日益激烈、平台流量导向越来越精准的背景下,通过文案内容的营销,电商企业可以增加产品、品牌的文化附加值,增强其市场竞争力。

(一) 电商文案人才需求

网经社电子商务研究中心发布的《2022年中国电子商务人才状况调查报告》显示,被调查企业所使用的第三方平台,淘宝占比51.49%,天猫占比56.44%,京东商城占比

32.67%，抖音及快手占比54.46%，拼多多占比32.67%，如图1-8所示。从数据来看，前五大平台的地位仍然稳固，商家选择电商平台更加均衡化。和2021年比较，淘宝、天猫、京东等传统平台的比重正在下滑。抖音及快手平台已经和天猫势均力敌，说明抖音及快手已经成为电商企业开展经营的一个非常重要的平台。内容电商类平台的快速发展，意味着偏向电商内容策划、文案创作、内容营销等方向的人才缺口会打开。

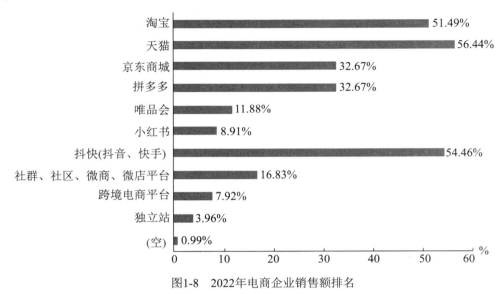

图1-8　2022年电商企业销售额排名

在被调查企业中，39.6%的企业急需淘宝、天猫等平台传统运营人才；43.56%的企业急需主播(助理)、达人、网红方向人才；36.63%的企业急需新媒体、内容创作、社群方向人才；24.75%的企业急需数据分析与运营分析人才；18.81%的企业急需客服、地推、网销等方向人才；17.82%的企业急需复合型高级人才，如图1-9所示。可见，电商企业对于电商文案相关岗位人才也是急需的。

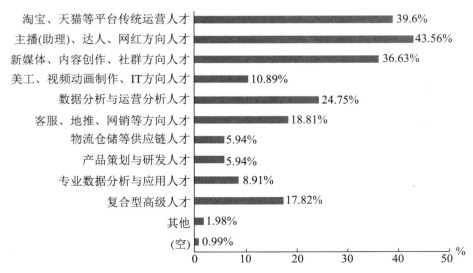

图1-9　2022年电商卖家急需人才类型和结构

2022年，笔者所在团队针对浙江金华片区的106家电商企业开展了人才需求的调研。浙江是全国电子商务强省，传统产业及社会各领域电子商务应用均处于全国前列；金华是浙中中心城市，拥有义乌、永康、东阳等特色鲜明的产业集群，也拥有发达的物流网络和优厚的政策环境。近年来，金华将"网络经济"作为推动地区发展的一号产业，虽然网络零售企业云集，但是具有规模化、品牌化的网络零售企业还比较少。随着新零售、新电商的发展，企业转型升级需求也将越来越强烈，对具备电商文案策划与创作能力的人才诉求也将日趋强烈。调研得出，61.32%的电商企业认为电商专业学生要具备文案策划能力，仅次于网店运营能力，如图1-10所示。可见，很多的本地电商企业也在进行着内容化的转型，电商文案人才的需求量越来越大。

选项	小计	比例
图片拍摄处理能力	62	58.49%
文案策划能力	65	61.32%
商品采编能力	45	42.45%
网店运营能力	81	76.42%
网站开发与维护能力	25	23.58%
客户服务管理能力	42	39.62%
营销推广能力	42	39.62%
商务数据分析与处理能力	39	36.79%
新媒体运营能力	38	35.85%
产品运营(品牌策划)能力	31	29.25%
物流管理服务能力	9	8.49%
直播运营能力	28	26.42%
跨境电商平台操作能力	13	12.26%
跨境网络营销能力	7	6.6%
电子商务(项目)战略规划能力	19	17.92%
电子商务企业管理能力	19	17.92%
其他能力(请说明)	0	0%
本题有效填写人次	106	

图1-10　金华片区电商企业对于电商专业学生能力的需求

(二) 新岗位的发展

2020年2月25日，人力资源和社会保障部与市场监管总局、国家统计局联合向社会发布了包括全媒体运营师在内的16个新职业。全媒体运营师，是指综合利用各种媒介技术和渠道，采用数据分析、创意策划等方式，从事对信息进行加工、匹配、分发传播、反馈等工作，协同运营全媒体传播矩阵的人员。在全媒体运营师的国家职业技能标准中，创意策划是其重要的职业方向。全媒体运营师国家职业技能标准的颁布也为电商文案岗位提供了专业技术技能的发展方向。

(三) 电商文案岗位薪资待遇

从前面的案例可以了解到，电商文案相关工作岗位的薪资待遇与个人、团队的绩效相关，其岗位收入的发展空间还是比较大的。根据职友集网站近一年数据(见图1-11)，电商文案岗位的月平均工资为7500元。在各家企业公开发布的招聘数据中，拿6000~8000元工资的最多，占比达30.7%。

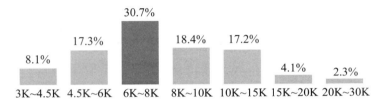

图1-11　电商文案岗位月平均工资

从职友集统计的2014—2022年电商文案历年工资变化趋势中(见图1-12)可以看出，近年来除了2022年该岗位的工资有小幅度下降之外，其工资变化大致呈上升趋势，平均工资从2014年的4000元，涨到2021年的近8000元，翻了近一倍，增长速度还是比较快的。

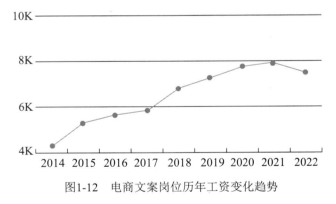

图1-12　电商文案岗位历年工资变化趋势

◎ **想一想**

你印象中的电商文案岗位是什么样的？包含哪些工作内容？请试着描述一下。

二、电商文案岗位的描述

电商文案岗位到底是一个什么样的岗位？胜任这样的岗位需要具备什么知识和能力素养？从某种意义上来说，电商文案人员就像是一个"杂家"，需要了解很多知识，掌握很多技能。不同的电商公司，会有不同的电商文案岗位描述，具体的工作内容也会有明显不同。

(一) 电商文案岗位职责

电商文案的岗位职责有狭义和广义之分。狭义的电商文案主要负责"写"的工作，而广义的电商文案负责内容呈现与营销的全过程。

1. 狭义的电商文案岗位职责

狭义的电商文案岗位职责是指从事电商企业的商品设计和广告宣传的工作，主要包括以下内容。

(1) 撰写商品描述文案、单品策划文案、广告文案、品牌宣传文案。

(2) 编写出商品特色突出、使客户产生强烈购买欲望的商品描述。

(3) 配合设计人员，进行品牌宣传等软文撰写。

(4) 撰写各类宣传品中的商品卖点和活动内容，引导顾客消费。

2. 广义的电商文案岗位职责

广义的电商文案岗位职责除了上述内容之外，还包括品牌策划、活动策划、平面设计、新媒体运营、美工设计和美术指导等所有与电商营销、宣传和推广有关的工作。

下面看看各个企业在招聘网站上对于电商文案岗位职责的描述吧！

某食品电商企业电商文案岗位职责：

希望你文案功夫深不见底，执行力上所向披靡，讲得了故事，玩得了跨界，以文案为匕首，刺中核心概念。

(1) 梳理产品卖点，结合产品特征输出高质量的文案。

(2) 负责公司新媒体宣传(微信、微博、抖音等)的建设与文案运营。

(3) 参与项目构思，完成相关平面及视频创意的文案撰写。

某女装电商企业电商文案岗位职责：

(1) 负责天猫、京东等平台的文案、产品介绍等资料的撰写。

(2) 参与各店节点的产品上线、宣传、促销方案的创意设计，形成有效、精彩的文案，提升企业产品的销量。

(3) 深入洞察客户心理需求，对产品卖点进行专业细致、通俗易懂的描述，并结合产品本身，提出活动创意。

(4) 跟踪同行业资讯，分析整理其推广、策划特点，优化本企业的宣传推广。

(5) 多渠道拉取数据，分析消费者画像，得到精准需求，优化品牌对外呈现。

(6) 紧密联系上下游同事，策划出高转化率的线上素材。

根据招聘网站上各个企业对于电商文案岗位职责的描述可以发现，大部分企业对于电商文案人员的期待不仅仅是撰写文案，还会有内容策划、视觉设计、内容运营等工作，甚至还会有简单的数据分析的工作。

(二) 电商文案岗位进阶

电商文案岗位具体的岗位名称在行业内并不统一，根据岗位的进阶发展，大致可以分为三个阶段(见图1-13)。第一阶段是文案写手，一般针对刚入职的员工，或者兼职人员。

文案写手以任务为核心，进行相关文案的创作，积累了相关工作经验之后，可进阶成为内容策划，在企业中相关岗位一般需要1~3年的工作经验。第二阶段是内容策划，主要围绕项目，进行内容规划与实施，确定选题方向并下达创作任务。第三阶段是品牌运营，主要围绕企业品牌，进行品牌塑造与推广，打造企业的无形资产。电商文案岗位是一个需要时间和经验积累的岗位，深耕得越久，岗位的价值就会越大。

图1-13　电商文案岗位进阶

(三) 电商文案的职业能力素养

职业能力素养即完成工作需要具备的知识、技巧及能力。电商文案岗位需要具备相关知识储备及相关能力，这样才能更好地应对文案工作中各种类型的工作。无论是文案新手，还是经验丰富的资深文案，都要不断地学习，以应对电商环境的更新和迭代。

接下来从知识、能力和素养三个角度，一起来看看电商文案人员需要具备的职业能力素养吧！

1. 知识要求

从电商文案的岗位职责可以发现，想要胜任这一复合型的岗位，所要具备的知识也是综合型的。电商文案岗位的工作人员不仅需要具备电子商务的基本知识，还需要有广告学、传播学、心理学、文学、艺术等方面的知识。

(1) 电商基础知识。电商文案是文案在电子商务领域的应用，因此，还需要掌握电商的基础知识，了解主流电商平台的运行机制、推广渠道和方法，创作出符合平台要求、能为线上店铺带来流量及转化的内容。

(2) 广告学、传播学。广告学知识包括广告写作、广告策划、广告战略战术、媒体选择、广告心理、广告设计、广告管理等一系列理论。电商文案人员通过对广告学相关理论知识的了解，掌握广告活动的基本规律。传播学知识包括人际传播、公众传播、大众传播和组织传播，其中包含符号学、社会学等知识。

(3) 心理学。文案本就是沟通的艺术，对消费者心理及行为的了解，有助于电商文案人员设身处地地了解消费者，从而撰写出贴近生活、打动消费者的内容。

(4) 文学基础知识。文学是指以语言文字为工具形象化地反映客观现实的艺术，包括戏剧、诗歌、小说、散文等，是文化的重要表现形式，以不同的载体表现内心情感和再现一定时期及一定地域的社会生活。具备基本的文学知识是文案人员创作的基础。

(5) 艺术基础知识。视觉艺术也是内容呈现的一个重要方面，因此电商文案岗位还需要具备一定的艺术基础知识，如具备构图、摄影等相关知识，了解Office、Photoshop、剪映等软件的基本使用方法。

2. 能力要求

在企业对电商文案的岗位要求中，出现频率最高的5个关键能力为写作能力、创意能力、分析能力、审美能力和学习能力。

(1) 写作能力。写作能力主要是指对语法、逻辑等基本技能，对文章风格的把控，在写作具体内容时能灵活地根据文案类型进行不同的描述。写作并不一定要写得非常优美、非常有深度，但是要符合情境、符合逻辑、没有语病。写作能力其实也是文案人员通过文字与用户进行沟通、共情的能力。文案工作者可以通过多读、多看、多写进行文案写作能力的训练。

(2) 创意能力。创意能够让广告深入人心并引起人们的注意和共鸣。在网络上搜索"创意广告"能够看到很多有创意的广告。文案人员作为广告创作的源头，非常有必要具备创意的能力。创意能力有天赋的关系，但同样可以通过后天练习进行提升。下一篇章将会从文案创意的角度讲解写作前的准备工作。

(3) 分析能力。分析包括对公司、品牌定位和风格的分析，对商品投放市场的分析，对目标人群及其需求和消费者心理的分析，对投放渠道及用户反馈的分析。通过分析，文案人员能快速输出一个比较有条理的文案结构，使文案层次清晰、有理有据，具有针对性。良好的分析能力能够帮助文案人员抓住产品的核心卖点，写出直击消费者痛点、用户转化率高的文案。

(4) 审美能力。审美能力又称艺术鉴赏力，即感悟欣赏到事物的美感，并且知道美的定义是什么。好的文案排版、视觉设计会让人在接受内容信息的时候享受到美，从而对企业、品牌产生良好的影响。电商文案人员要能够运用常用的软件，对文案进行排版设计，善于使用图片(包括GIF图片)、音乐、视频、超链接等元素，以提升文案的整体艺术效果。

(5) 学习能力。学习能力是指可以在短时间内快速对陌生事物从陌生到了解再到熟悉，最后还能融会贯通的能力。文案写作是一个不断积累与学习的过程，学习能力强的人能在面对新事物时，取其精华，去其糟粕，更快吸收，推陈出新，创作出新的、优秀的作品。

3. 素养要求

文案人员为网络文化的创造者和传播者，其一言一行都有可能在网络上发酵，对网络环境产生影响。因此，电商文案人员除了需要具备职业素养、法律意识之外，还需树立维护风清气正网络环境的社会使命。

(1) 职业素养。职业素养是人类在社会活动中需要遵守的行为规范。个体行为的总和构成了自身的职业素养。正面积极的职业心态和正确的职业价值观意识，是一个成功职业人必须具备的核心素养。良好的职业素养应该是由爱岗、敬业、忠诚、奉献、正面、乐观、用心、开放、合作及始终如一等这些关键词组成的。

电商文案人员应该将自己视为公司的一部分，不管做什么工作一定要做到最好，发挥出实力，对于一些细小的错误一定要及时更正，以积极、开放的心态与各个部门、各个员工进行合作，为实现统一的目标而努力奋斗。

(2) 法律意识。随着电子商务领域的法律法规日益完善，电商文案从业人员还需要具备基本的法律意识，遵守平台的规则，知道什么事情该做，什么事情不该做。同时，文案人员还应当有版权意识，无论是图片还是文字，哪怕是网络上可以直接获取，有很多也是受到版权保护的，需要获得授权后才能使用。同时，电商文案人员也要培养自我的原创意识，保护自身的知识产权不受侵犯。

(3) 社会使命。网络有道义，言论有边界，只有守住指尖上的文明，才能守住网络表达的底线。营造风清气正的网络环境，不只是维护网络安全、保障公共利益的需要，也是互联网行业健康发展的关键。电商文案人员作为网络文化的创造者和传播者，要肩负起维护网络环境的社会使命。

三、电商文案岗位的工作流程

随着电商岗位的精细化发展，越来越多的企业将文案岗位独立出来，而文案岗位的工作流程在近几年的发展中，也不断发生着变化，并逐渐完善。一篇文案内容的创作，一般会经历三个步骤，分别是调研、创作和优化(见图1-14)。

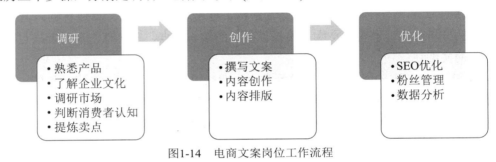

图1-14 电商文案岗位工作流程

(一) 调研

在文案创作过程中，调研是文案创作的前期准备工作，是对文案创作资料的收集与整理，也是文案创作人员体现营销思维的过程。

1. 熟悉产品

产品是文案创作的基础，只有了解并且熟悉产品，才能找到文案创作的点，让潜在消费者认识并喜欢产品。因此，文案人员刚入职时一般会有一段时间用来熟悉产品，在每款新品上市前也要有一段时间用来熟悉产品。对于一些专业性比较强的产品，还需要文案人员具备相关的专业知识储备。

2. 了解企业文化

企业文化是文案创作的重要素材之一，输出的文案内容要与企业文化相一致，与企业的品牌调性相结合，不能是割裂开来的。同时，企业文化也可以给文案创作带来很多灵感。

3. 调研市场

调研产品的市场有助于电商文案人员及时了解和获取市场环境、用户群体等变化情况，进而创作出有针对性的文案，达到预期的效果。常见的影响营销环境的因素有政治、经济、技术、社会等，企业通常会使用PEST分析法对这些因素进行分析(见图1-15)。

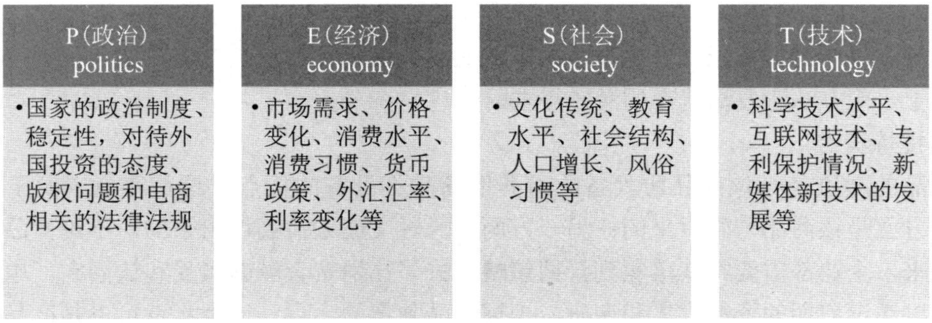

P（政治）politics	E（经济）economy	S（社会）society	T（技术）technology
• 国家的政治制度、稳定性，对待外国投资的态度、版权问题和电商相关的法律法规	• 市场需求、价格变化、消费水平、消费习惯、货币政策、外汇汇率、利率变化等	• 文化传统、教育水平、社会结构、人口增长、风俗习惯等	• 科学技术水平、互联网技术、专利保护情况、新媒体新技术的发展等

图1-15　PEST分析法

同时，商品所处的市场成熟度也与文案创作相关。市场的成熟度是指在未来推出商品时，市场上有多少相似的商品，相似商品数量越多，就代表竞争对手越多，商品所在的市场就越成熟。具体市场成熟度划分如下所述。

(1) 原生市场。这是市场的初级阶段。在这个阶段，市场上没有其他相似的产品，企业的产品没有什么竞争对手，对于受众来说是未知度很大的产品。这个时候，文案创作需要全面展示产品内容，说服消费者购买。

(2) 中度成熟市场。这是市场的第二阶段。在这个阶段，市场上可能已经出现了一些相似的商品，而受众对于那些产品也有所认识。在这样的环境下，撰写文案前，应观察竞争对手，看他们采用了什么样的手法描述他们的商品，选择什么样的撰写角度，用了什么样的营销方式等；然后借鉴竞争对手的文案，并在此基础上进行创新完善，做出更好的文案。

(3) 重度成熟市场。这是市场的第三阶段。在这个阶段，市场上有非常多类似的商品，俗称标品市场，受众也很难发现新的商品。不过这个市场是永远有受众的，市场也会去旧换新，在技术水平有了提高和更新后，还会进行原商品的更新换代。在这样的情况下，也很有可能出现新的品牌或者商品，但受众对已有品牌的依赖性很大，因此在撰写这类产品文案时，一定要注意突出品牌的影响力，增加受众信任感。

4. 判断消费者认知

文案人员必须要思考一个很简单，却常常被忽略的问题：消费者对于商品所能满足他们需求和期待的程度，有多少了解？针对不同类型的消费者，文案人员在撰写商品文案的时候，肯定会运用不同的方式。例如，撰写一个美妆品牌的商品文案，这个美妆品牌是否知名，消费者对于该品牌的认知程度是什么样的，这些都会关系到文案内容的创作。

(1) 完全了解商品。这种情况是指消费者通常有非常明确的购买目标，以及知道要买的商品的用途。所以，文案通常不需要使用更多的文字描述去"推销"，该类型的消费者比较在意该商品的价格。

(2) 了解商品但不愿意购买。这种情况是指消费者可能对商品有基础的认识，但并不了解该商品与其他商品的差别，或商家还不能说服他购买这种商品，这也是目前市场上大部分的商品或品牌面临的问题。在这种情况下，文案人员创作的重点应该放在如何呈现产品的价值上，想办法证明自身产品的专业性，以及商品所能带来的情感价值。

(3) 完全不了解商品。这种情况是指消费者对于商品完全缺乏认知，不清楚这个商品是否能够满足自身的需求。在这种情况下，文案人员创作的重点应该在如何呈现产品的基本功能上，想办法激发消费者的潜在需求。

5. 提炼卖点

商品的卖点是指该商品所具备的而其他商品不具备的特点。这些特点来源于两个方面：一方面是该商品与生俱来的；另一方面是通过文案人员创作出来的。不论商品的卖点从哪里来，企业都需要将其落实到营销策略中去，让消费者能够接受和认同它。电商文案人员可以通过前期的资料收集和调研，挖掘商品独特的卖点。这个卖点可以是产品材质、外观、工艺、功能等实质性的，也可以是理念、服务、情怀等虚拟性的。但是，无论这个卖点是实质的还是虚拟的，它都将是文案创作的重点。

(二) 创作

在完成前期准备之后，文案人员已经差不多找准了创作的点，这个时候就可以进行文案内容的创作。

1. 撰写文案

文案人员在前期工作的基础上，根据平台的规范，进行文案内容的撰写，创作出适合在特定平台传播的文案。文案撰写包括文案标题撰写、商品卖点的描述、热点话题的讨论、文案语言风格的确定、其他类型内容的策划等。

2. 内容创作

文案人员根据前期的策划，进行内容的创作。现在很多平台主流的传播内容不是文字，而是图文、视频、音频，但是不管形式如何变化，其都是建立在文案的基础上的。文案人员要结合内容呈现的需要，进行文字内容的二次创作。

3. 内容排版

赏心悦目的东西更加受到消费者的偏爱，同时也更能展现商品品牌的价值。创作好内容之后，文案人员需要对文字、图片、视频、音频等素材进行整理，使其更好、更美地呈现在消费者面前。

(三) 优化

文案创作好之后，并不是就万事大吉了。文案人员还需要继续关注文案发布之后的后续效果，进行文案优化和管理，保证文案内容向着良性方向持续发展。

1. SEO优化

SEO(Search Engine Optimization，搜索引擎优化)，这里的优化主要是指在文案中使用消费者喜欢使用的一些关键词，方便消费者通过网络进行搜索。在文案创作好后，文案人员除了需要针对商品消费者做调查外，还要分析网店的关键词流量，尽量将主要的关键词加到文案中。

2. 粉丝管理

文案内容投放出去后，文案人员还需要时刻关注用户对于该内容的反馈，尤其是通过自媒体渠道发布的内容。通过粉丝管理，引导舆论往好的方向发展，如果发生意料之外的负面影响，也要在可控的范围内进行维护。有些原本很普通的文案，经过一些"神评论"却"起死回生"，引发广泛的讨论，得到很好的传播；也有些花费很大精力创作的优良内容，却被一些负面言论带来不好的效果。由此可见，文案后续的管理还是很重要的。

3. **数据分析**

数据是市场检验文案质量好坏的一个重要指标，也是评价文案人员能力的重要依据。通过阅读量、完读率、评论数、增粉量、转化量等一系列的数据，文案人员可以了解文案的投放效果，结合数据表现对文案进行有针对性的优化。

◎ **想一想**

如何写出一篇具有高级感的文案？

项目实施

实训演练

扫码看视频

实训任务1-2　电商文案岗位招聘会

1. 实训目标

通过本任务的训练,学生能够了解电商文案的职业发展,包括电商文案人员的市场需求、电商文案相关岗位的工作职能、岗位要求,以及电商文案相关岗位的工作流程。通过招聘会的形式,学生能够加深对电商文案岗位的理解,培养职业精神,为今后步入社会,从事相关岗位打下基础。

2. 实训背景

随着各个电商平台内容流量的增加,内容营销成为后电商时代一个重要的关口。在招聘市场上,文案相关人才缺口严重,好的文案人员的待遇更是水涨船高。企业渴望招聘到优秀的文案人员,通过内容营销给店铺带来新的飞跃;应届毕业生也希望凭借自己的优势,拥有一份好的文案工作。学生分为企业组和毕业生组。

企业组:以小组所选的项目为背景,发布招聘启事,招聘两名文案人员。

毕业生组:用文案营销思维给自己做一份简历,并选择合适的企业进行面试。

3. 相关资源

BOSS直聘、中华英才网等招聘网站。

4. 实施步骤

(1) 以电商文案小组为单位,填写任务记录单(见表1-4),并完成下列操作内容。

表1-4　任务记录单

实训时间	
实训地点	
小组成员姓名	

(2) 学生以小组为单位,进行文案岗位的市场调研。通过人才网、58同城网、前程无忧、BOSS直聘等招聘网站,搜索电商软文、电商文案、电商策划等相关岗位,了解其具体职能和要求。

(3) 各个小组的组长分入企业组,以自己所选项目为背景,为其今后内容营销进行初步的构想。结合初步构想,招聘相关的工作人员。招聘启事中要包含企业信息、岗位职责描述、岗位要求、工资待遇与福利等。

(4) 小组组员分入毕业生组,结合自己的专业特长及在学校期间的各种实践活动为自己写一份简历,应聘和电商文案相关的职位。

(5) 企业组学生发布招聘启事。

(6) 毕业生组学生根据发布的招聘启事,选择自己心仪的公司和岗位投放简历,每个学生最多只能投三家企业。

(7) 企业组的学生审阅简历，选择自己想要的员工，并将offer卡或者面试卡给他，每个企业只有两张offer卡、两张面试卡。

5. 实训评价

实训评价内容、评价方式及对应的分值见表1-5。

表1-5　实训评价表

评价内容	分值	小组互评	教师评价
按照要求、按时完成相应任务	20		
制作的招聘启事、简历要素完整	20		
学生根据获得的简历、offer卡、面试卡的情况赋分： 获得5份以上简历，或1张以上offer卡的，得60分； 获得3~5份简历，或1张offer卡的，得50分； 获得1~2份简历，或面试卡的，得40分； 没有获得简历，或者没有offer卡、面试卡的，得30分	60		
总分	100		

电商文案工具表

工具表1-1　电商文案岗位招聘启事

招聘岗位		联系人	
职位描述			
职位要求			
福利待遇			
公司简介			

工具表1-2　电商文案岗位求职简历

个人简历

求职意向：
年龄：
性别：
籍贯：

要点总结

获得证书

联系方式

○ 教育背景
-
-

○ 校园活动
-
-

○ 获奖情况
-
-

○ 实习经历

同步测试

学一学[①]
扫码做题

延伸阅读

一鸣惊人，千万人在直播间学英语

双语教学、文化植入、段子表演……新东方的老师以主播的身份重新"出道"，让整个直播行业受到了极大的冲击。而网民们是十分兴奋的，以往新东方每节一百多元的课程，可以在直播间免费上，这就意味着，彻底实现了"新东方听课自由"！这样的内容，很难让人忍住不点进去一探究竟！

作为2022年突然爆火的直播间，从零到100万的关注，东方甄选花了6个多月，但从100万到300万，仅仅用了3天。在之后的3天时间里，东方甄选的粉丝数量暴涨到了1000万，到了6月29日，更是突破了2000万大关。东方甄选直播间的爆火带动了新东方的股市，从6月1日到6月16日，仅半个月的时间新东方的股票上涨将近七成。

2022年6月14日，"中关村周杰伦"又一次成为微博热门话题，而作为热门话题的主角董宇辉则谦虚道，他的走红完全是他自己的幸运。"只是运气比较好，运气好最本质的原因就是在厄运来的时候我没有躲，也没有躲得过，所以有一天就会与好运撞个满怀。"这句话，也深深感动着直播间的每一位观众。

【资料来源：作者根据相关资料整理】

[①] 教师和学生拿到书，先扫描封底刮刮卡，再扫描书内习题码，确认是否能正常做题；关注"文泉考试"公众号，这个公众号可作为除图书以外的第二入口；教师在公众号内先进行教师认证，待通过后可创建班级，将班级码分享给学生，学生加入；学生扫描书内习题码或者点击公众号上的"做题"，做完题后，输入班级码，可将做题结果提交给教师。

第二篇 准备篇

教学目标

知识目标
- 了解用户画像的作用
- 了解用户标签的分类
- 了解文案分析的目的
- 熟悉竞品分析的重要性
- 熟悉寻找竞品的原则
- 了解产品核心卖点的特点
- 了解提炼核心卖点的原则
- 了解投放渠道的类型
- 熟悉各个投放渠道的特点
- 了解文案好创意的特征
- 熟悉文案创意的思维方法

技能目标
- 能够构建清晰、明确的用户画像
- 能够掌握竞品分析的技巧
- 能够提炼产品的核心卖点
- 能够选择合适的投放渠道进行文案投放
- 能够策划与撰写有创意的文案内容
- 能够结合热点进行文案创意的设计

素质目标
- 培养学生团队合作能力
- 培养学生创新创意能力
- 培养学生信息收集、分析的能力
- 具备爱岗敬业的职业道德
- 具备维护互联网健康环境的意识
- 树立知识产权意识

思维导图

扫码看视频

- 准备篇
  - 任务一 who：分析用户画像
    - 知识学习
      - 引例：小红书平台饰品珠宝类目的用户画像分析
      - 一、用户画像概述
      - 二、用户标签
      - 三、用户喜好
      - 四、用户与产品的关系
    - 项目实施
      - 实训任务2-1 分析用户画像
      - 工具表2-1 目标用户画像表
  - 任务二 what：确定内容大纲
    - 知识学习
      - 引例：钟薛高的贴心文案
      - 一、文案目的
      - 二、竞品分析
      - 三、卖点提炼
      - 四、明确调性
    - 项目实施
      - 实训任务2-2 确定内容大纲
      - 工具表2-2 产品卖点提炼表
      - 工具表2-3 文案内容大纲
  - 任务三 where：选择投放渠道
    - 知识学习
      - 引例：元气森林的多渠道营销方案
      - 一、电商文案投放渠道介绍
      - 二、投放渠道对比分析
      - 三、选择合适的投放渠道
    - 项目实施
      - 实训任务2-3 选择投放渠道
      - 工具表2-4 投放渠道分析表
  - 任务四 how：文案创意
    - 知识学习
      - 引例："躺平"也是"卷"？看卫龙"双十一"如何"开摆"
      - 一、好创意的特征
      - 二、创意思维方法
      - 三、热点发掘与追踪
    - 项目实施
      - 实训任务2-4 文案创意
      - 工具表2-5 文案创意思维表

任务一　who：分析用户画像

扫码看视频

知识学习

引例

小红书平台饰品珠宝类目的用户画像分析

小红书平台对饰品珠宝类目的用户画像进行了分析，通过大量的数据分析提炼出了饰品和珠宝的用户画像特点，以便给饰品珠宝类目的运营提供一定的参考。

小红书上对饰品感兴趣的用户以18~28岁、一二线城市年轻女性为主，男女比例为1∶12，这些用户对时尚、美妆、出行和家装内容兴趣浓度高，时髦且个性，有较强的购买力，且对产品有较高的鉴美能力。因此，在对饰品类产品进行营销内容制作时应充分考虑女性用户偏好，从女性关注的热点和话题进行创作。小红书上对珠宝感兴趣的用户以24~32岁、一二线城市女性为主，男女比例为1∶6，这些用户对时尚、出行、美妆和家装内容兴趣浓度高，有较高的鉴美能力。因此，在对珠宝类产品进行营销内容制作时应充分考虑女性用户偏好，"美观精致"应该成为其内容制作的核心。

通过用户画像的分析，小红书给以饰品珠宝类客户为主要目标人群的创作者提供了思路，可以在选题上侧重有设计感、优质的产品推荐，达到为用户提升生活品质需求的目的。

【引例分析】只有了解用户偏好，创作出吸引用户的文案，实现精准营销，才能引导其消费。因此用户画像分析是内容文案创作的前提。小红书平台对饰品珠宝类的用户画像分析，可以给饰品珠宝类运营人员在内容文案创作方向上提供参考。

电商文案的策划与创作要以产品目标用户为中心，分析目标用户喜欢什么，什么样的内容才能刺激目标用户产生消费欲望和冲动。目标用户画像能够帮助文案人员了解用户的心理需求、喜好、痛点，以及影响购买的决策因素，这些可以作为文案策划创作的切入点。

一、用户画像概述

（一）用户画像的定义

用户画像是根据用户的社会属性、用户偏好、生活习惯、消费行为等数据信息而抽象出来的标签化用户模型。

通俗来说，用户画像就是给用户打标签，而标签是通过对用户信息分析而得来的高度精练的特征标识。打标签的方式可以利用一些高度概括、容易理解的特征来描述用户，让人更容易理解用户，并且方便互联网的识别与处理。

（二）用户画像的作用

用户画像可以用来挖掘用户的兴趣、偏好、特征，主要目的是提升营销的精准度、产品推荐的匹配度，最终达到提升产品服务，提升企业销售额和利润。电商文案人员可以通过用户画像分析找准产品的主要目标人群，挖掘目标人群的特点及偏好，确定文案创作的切入点。

1. 找准产品的主要目标人群

通过大量的用户行为数据(包括用户基本信息、用户行为数据、平台标签、媒体标签等)的统计分析，品牌能够更加明确自己产品的主要目标人群，明确在行业中的竞争关系和优劣势。

2. 挖掘目标人群的特点及偏好

针对产品的主要目标人群，结合用户画像的分析，挖掘出目标人群的特点及偏好。例如，小红书平台通过对饰品珠宝类目的用户画像的分析，确定目标人群的特点及偏好——时髦、个性，具有较高的鉴美能力，对生活品质有一定的要求，偏爱有设计感、优质的产品。

3. 确定文案创作的切入点

在电商文案策划与创作时，文案人员应该结合产品特征和主要目标人群的特点偏好，进行内容创作，以提升文案内容的精准度和产品推荐的匹配度，确定以匹配用户为基础的切入点。

(三) 构建用户画像的步骤

1. 明确构建用户画像的目的

构建用户画像，第一步就是要明确用户画像构建的目的。用户画像构建的目的不同，构建用户画像时参考的标签体系就会有所区别。有的用户画像构建是为了实现精准营销，增加产品的销量；有的用户画像构建是为了改进产品，提升用户体验。在电商文案策划与创作中，只有明确构建用户画像的目的，才能更好地了解用户偏好，创作符合用户特征的文案内容。

2. 用户数据的收集与处理

用户画像的构建需要对大量的用户数据进行分析与统计，用户数据又包含人口属性、设备属性、位置特征、兴趣特征、行为数据和社交数据等。文案人员可以通过行业数据报告、后台数据工具等获取这些用户数据并进行统计分析。

3. 用户标签体系的构建

根据用户画像构建的目的，选取所需的数据构建用户的标签体系，通过对用户数据的挖掘分析为用户贴上相应的多维度标签，形成用户画像。

二、用户标签

(一) 用户标签概述

标签是指对用户群体的某项特征或共性的抽象提炼和概括。

用户标签是构成用户画像的核心因素，是将用户在平台内所产生的行为数据，分析提炼后生成具有差异性特征的词语。也就是说，用户通过平台，在什么时间什么场景下做了什么行为，平台将用户所有行为数据提炼出来，形成支撑业务实现的可视化信息。某用户的标签如图2-1所示。

图2-1 某用户的标签

(二) 用户标签的分类

用户标签可以分为属性标签、统计标签、模型标签和预测标签四类。

1. 属性标签

属性标签主要指的是用户基本信息和社会属性信息。用户基本信息主要包括用户性别、年龄、地域、受教育水平和收入状况等,包括人口统计相关信息、用户年龄段信息、地域属性信息。例如,年龄段可以明确分为15岁以下、15~22岁、22~30岁、30~40岁、40~50岁及50岁以上。用户社会属性主要包括职业、家庭和身份等信息。例如,职业属性是公司白领、教师、医生,还是其他。家庭信息具体表现为婚姻状况、子女状况等。

2. 统计标签

统计标签主要是根据用户的消费行为数据来挖掘的。用户的消费行为数据包括用户的消费能力、消费习惯、消费周期、消费次数、消费金额、消费频率、最近一次消费时间、购买渠道、购买方式偏好、客单价等。

3. 模型标签

模型标签主要是根据用户以往的消费特征来形成的。例如,对用户消费特征的描述包括手机数码达人、辣妈、吃货、旅游人群、高品质生活用户、汽车用户等。模型标签更直观地体现用户多方面的特征,是用户标签的主要类型。

4. 预测标签

预测标签需要较大的用户数据和标签的积累,是对用户潜在的关键行为倾向进行的预测。如高流失风险用户、母婴潜在用户标签等。

除了以上四类主要的用户标签类型外,在对用户标签进行分析时,还可以从用户生命周期、用户价值等角度进行。用户生命周期指的是用户在产品使用过程中所处的生命周期的阶段。例如,新用户、首购用户、忠诚用户、沉默用户等,通过用户生命周期,文案人员掌握用户的特征和文案创作的重点。用户价值主要指的是用户对产品价值的贡献度。通过用户的消费金额档次、用户的活跃度、积分等级和信用价值等信息来划分用户的价值等级，从而确定用户的价值属性标签。

三、用户喜好

了解用户画像后，可为用户贴上相应的标签，然后根据标签对用户进行分类以确定目标群体；同时需要分析这些具有相同属性用户的共同喜好，包括用户的兴趣爱好、购物偏好、行为习惯、常用软件和价值观等。例如，经常在社交网站上分享旅游的照片，穿着比较时尚，且偏好某一品牌的人群，为该类用户贴上"旅游爱好者""时尚达人""某品牌控"等标签，这些标签就反映出用户的喜好。文案创作者基于用户的标签和喜好，可以大致确定创作电商文案的风格，撰写出对目标用户有吸引力的内容。

兴趣爱好，即这类目标人群平时的喜好，例如，喜欢外观精致的物品、喜欢音乐、热爱旅行或阅读、对美食感兴趣等，以目标人群的这些共同喜好为出发点创作文案，吸引目标人群的关注。

购物偏好包括收入状况、购买水平以及产品的购买渠道、购买频次和购买产品类型的偏好等。

行为习惯涉及用户在日常生活、工作、学习中的行为特征，例如喜欢晚睡，晚上习惯性浏览一些社交平台等，分析出这些群体共同的行为习惯，有利于文案的精准营销。

分析常用软件是非常有必要的，关系到文案创作的类型和发布的渠道。例如，目标人群有个共同的爱好，喜欢浏览小红书，那么文案人员在进行文案策划时就要创作适合小红书平台的文案内容，同时把小红书作为文案传播的主要渠道。常用的软件包括社交类的软件、新闻类的软件、购物类的软件、娱乐类的软件、生活类的软件、工具类的软件、金融类的软件等。

分析价值观有利于文案人员更深入地了解目标人群，帮助文案人员构建起与目标人群的沟通桥梁，同时更清楚什么内容才能打动他们，提升用户黏性。

四、用户与产品的关系

电商文案的创作不是以"我"为中心来阐述产品或服务的，而是要站在目标人群的立场，分析不同目标人群的消费动机，策划目标人群真心喜欢的内容，因此文案人员要清晰目标人群与产品之间的关系。电商文案的创作只有以目标人群为出发点，才能使得文案更有说服力，才能吸引目标人群购买。

分析用户与产品之间的关系，包括用户对于产品的购买动机、用户购买产品和使用产品的频率以及用户对产品品牌的认知等。

1. 用户对于产品的购买动机

用户对于产品的购买动机包含两个方面：一方面是对于产品的基本需求；另一方面是对于产品的期待。例如，年轻女性对于羽绒服的基本需求是保暖、性价比高，同时希望穿着时尚、好看。因此，文案人员在文案创作时要兼顾目标群体的基本需求和对产品的期待，进而促使目标群体做出购物决策。图2-2为某品牌四件套的产品文案，该文案用"60S

长绒棉贡缎套件""寻色入境 经典隽永"来描述产品,既描述了产品的材质优势,又突出了产品经典、简约、时尚的特点,能够更好地促使目标群体做出购买决策。

图2-2 某品牌产品文案

2. 用户购买产品和使用产品的频率

对于不同类型的产品,用户使用频率和购买周期有很大的差别。一般来说,用户的购买行为在一定时间内是有规律可循的,购买频率一般取决于使用频率的高低。购买频率是策划文案营销的重要依据。例如对于一些消耗品,文案人员可以针对新老用户,提升文案内容营销的频次,从不同的切入点进行文案创作,进而刺激目标用户消费。而对于一些耐用品,文案创作在兼顾老用户时,还要不断激活新的目标用户。

3. 用户对于产品品牌的认知

用户对某品牌所有产品和服务的相对质量的认识、所持有的品牌忠诚度和满意度等,都属于品牌认知。品牌认知需要经历一个过程,从认识品牌、认知品牌、认可品牌到信任品牌。在文案创作上,对于不同程度的品牌认知,采用不同的策略。例如,当用户非常信任某品牌时,往往通过单一的文案就可以促使用户产生消费,如促销打折、满减活动等;而当用户不了解产品品牌时,文案人员在文案创作时需要考虑用户的多重心理,既要满足他的基本需求,又要打消他心中的顾虑,还要以实际利益刺激用户。

在文案创作时,文案人员还要对用户购买产品的心理进行适当分析,以便更加准确地定位目标用户的购买行为,创作出对目标用户更有吸引力的电商文案。

◎ **想一想**

目标用户在购买产品时会有哪些购买心理?这些购买心理对文案创作有哪些启示?

项目实施

实训演练

实训任务2-1　分析用户画像

1. 实训目标

通过本任务的训练，学生能够了解分析文案目标人群的重要性，掌握构建用户画像的方法，找准文案目标用户及用户特点，为后续电商文案的创作做好准备。该实训以浙江省金华市武义县唐风温泉度假村为背景，可以引导学生关注本地民族企业，利用所学知识，解决企业发展过程中的难题。

2. 实训背景

唐风温泉度假村酒店是武义县知名的温泉度假品牌。唐风温泉秉承了"盛唐风格"的唐代宫廷园林建筑风格，传承了"大唐风吕"的古代帝王养生沐浴温泉文化，是集温泉沐浴、客房餐饮、商旅会议、休闲度假等多种功能于一体的生态健康旅游的胜地。请为唐风温泉的目标用户绘制用户画像。

3. 相关资源

(1) 携程网。

(2) 美团网。

(3) 飞猪网。

4. 实施步骤

(1) 以电商文案小组为单位，填写任务记录单(见表2-1)，并完成下列操作内容。

表2-1　任务记录单

实训时间	
实训地点	
小组成员姓名	

(2) 以武义唐风温泉为目标，通过美团网、携程网、飞猪网等线上旅游平台了解武义唐风温泉的产品和服务信息，试分析其目标人群，为后续的文案创作做准备。

(3) 通过基本信息标签，框定唐风温泉的关键目标人群。

(4) 结合用户画像基本信息，分析唐风温泉关键目标人群的特征，填写人群喜好标签。

(5) 分析该关键目标人群与唐风温泉产品的关系，填写与产品关系标签。

(6) 完善唐风温泉的用户画像。

5. 实训评价

实训评价内容、评价方式及对应的分值见表2-2。

表2-2 实训评价表

评价内容	分值	小组互评	教师评价
按照要求完成人群画像分析	20		
基本信息标签精准	20		
人群喜好标签与关键目标人群相符合	20		
产品关系标签合理,且符合逻辑	20		
团队成员合作,配合默契,共同完成任务	20		
总分	100		

电商文案工具表

工具表2-1　目标用户画像表

用户画像基本信息标签	
年龄	
性别	
职业	
地域	
文化	
收入	
用户喜好分析	
兴趣爱好	
购物偏好	
行为习惯	
常用软件	
价值观	
用户与产品关系分析	
产品需求	
产品期待	
使用频率	
购买频率	
品牌认知	

任务二　what：确定内容大纲

扫码看视频

知识学习

引例

钟薛高的贴心文案

钟薛高，取名谐音"中雪糕"，意为"中国的雪糕"，标明了钟薛高的新国潮品牌定位。产品主打低糖、低脂，无香精、色素、防腐剂，更不含乳化剂、稳定剂、明胶等化学物质。产品采用中国风的设计风格，以造型独特的江南青瓦的中国传统文化元素作为外观设计，简洁的瓦片外观，辅以顶部"回"字花纹，意为"回归"本味，形成独特的视觉符号。雪糕棒签采用可降解的天然秸秆，有淡淡麦秆香甜，让雪糕风味更增色。雪糕颜色大多为饱和度低的莫兰迪色调，更贴合年轻人的审美风格，同时契合"纯天然、零添加"的品牌理念。目标人群主要为重视运动、健康的高知、高收入消费群体。

钟薛高在内容营销过程中设计了贴心的文案，年轻俏皮类文案"只给挑别的舌头""是位吃货行家"等针对年轻的目标人群，体现着年轻人对美食爱吃、会吃的个性态度。国风文案"既见君子，云胡不喜"等文案契合了钟薛高的品牌定位，同时也体现了传统文化内涵的初衷。棒签上设计不同文案，为用户创造了个人专属的情感体验，每次品尝都是一种惊喜，形成与消费者之间的有效情感沟通。贴心的文案设计得到了较好的内容营销效果。钟薛高棒签文案如图2-3所示。

图2-3　钟薛高棒签文案

【资料来源：作者根据相关资料整理】

【引例分析】钟薛高以产品为先,立足于品牌,深入挖掘产品特点,通过产品本身和产品包装设计上的差异化打造,以及对产品独特卖点的提炼,确定了内容营销的文案基调,针对目标用户群体设计不同类型的文案,通过内容种草,扩大品牌影响力。

一、文案目的

文案的三个目的是认知、情感和行动,这是美国广告学研究者拉维奇和斯坦纳总结出来的广告三阶段,即通过文案的创作与传播,让消费者认识产品、认识品牌到逐步信任,最终付出实际行动。

(一) 认知阶段

一是提升用户关注度。通过用户画像的构建与分析,根据用户喜好策划符合用户需求的文案内容,通过文案内容的传播吸引一些初期的关注者和潜在用户,让用户认识产品、知道产品,提升用户的关注度。

二是提升品牌知名度。通过文案内容的创作与传播,提升用户对于品牌的内涵、创新、个性等方面的了解程度,引导用户逐步认识品牌,对品牌产生好感,因为在用户的购买决策中,会表现出对某个品牌偏向性的行为反映,而这需要一个累积营销的过程。

(二) 情感阶段

在用户认识产品、认识品牌之后,文案需要解决用户的情感信任问题,即如何让用户逐步信任产品,并且觉得这个产品比竞争对手的好。在这一阶段,需要通过文案传达产品的核心竞争力,体现产品与竞品之间的差异,通过产品解决用户的痛点,同时也要体现品牌的影响力,逐步培养用户的信任感,积累品牌粉丝。

(三) 行动阶段

在这一阶段,文案的目的是促使用户行动,达成购买行为,或主动地评论及转发与产品、品牌相关的营销内容。电商平台上的各种海报文案大部分属于这个阶段的广告。如图2-4为某品牌的促销海报的文案,通过时间、利益点直接刺激用户进行购买。

图2-4 某品牌促销海报文案

可口可乐的广告文案就经历了认知到情感的过程。在可口可乐诞生的初期，广告文案都是以认知为目的的。例如，"请喝可口可乐"告诉大家，可口可乐是可以喝的，是一种饮料；"头痛疲劳，请喝可口可乐"告诉大家，可口可乐除了可以喝之外，还是一种可以抗疲劳的功能性饮料。这些初期的广告语都反复告诉用户可口可乐是什么，当用户对可口可乐有了一定认知之后，广告语开始注入亲情、友情等因素，并赋予可乐更多的应用场景，让用户对可乐产生更多的情感，产生共鸣，有转发的欲望，从而带动品牌的传播。表2-3为可口可乐部分年份广告语。

表2-3 可口可乐部分年份广告语

年份	广告语	阶段
1886年	请喝可口可乐	认知
1900年	头痛疲劳，请喝可口可乐	认知
1927年	世界上最好的饮料	认知
1942年	只有可口可乐才是可口可乐	情感
1947年	可口可乐的品质，是你永远信赖的朋友	情感
1993年	尽情尽畅，永远是可口可乐	情感
2010年	你想和谁分享新年第一瓶可乐	情感
2019年	可乐就是可乐	情感

二、竞品分析

竞品分析是文案营销中不可忽视的一部分，无论企业产品在行业中处于什么样的地位，企业都需要了解和熟悉竞争对手，收集竞争对手有关产品、客户等的信息，对竞争对手的产品进行分析，挖掘自身产品的竞争优势，为文案的创作提供方向。

(一) 寻找竞品的原则

1. 相同品类的产品

寻找竞品时，首先，要确认两个产品在同一品类下，如企业产品属于护肤品类，就不要去找彩妆类产品。其次，同个品类的产品也存在着很大的差异，以女装为例，女装类目下又分成女裙、上装、女裤、外套等，类目非常庞大，拥有的产品种类也非常多，这些商品在风格、材质、款式上又有很大的区别。不同风格、款式的服装所面向的用户群体也不同，因此需要定位那些属性相近且在同一品类下的产品。

2. 产品品牌调性一致

根据自身品牌的低端、中端、高端定位，以及品牌所形成的市场印象，寻找与自身产品品牌调性一致的同类品牌的产品。

3. 分析用户画像

在寻找竞品时，还需要分析竞品的用户画像和企业产品的用户画像是否有共通之处，所面向的消费群体是否为同一类群体，又或者说竞品的用户是否有可能成为企业潜在用户及未来需要去拓展的用户人群。只有当企业产品的用户群体和竞品的用户群体存在共通之处，有一定关联性时，企业对竞品的分析才能对后续文案营销起到作用。

4. 营销渠道存在关联

在寻找竞品时，还需要分析营销渠道，要与竞品的营销渠道存在关联，例如，企业为电商品牌，并且短期内不会去开展线下店铺的运营，那么在寻找竞品时应以电商品牌为主，没有必要去分析只有线下业务的品牌。

(二) 确认竞品

通过以上寻找竞品的原则，最终确认直接竞争对手和间接竞争对手。

1. 直接竞争对手

直接竞争对手指的是市场方向目标、产品所针对的用户群体，以及产品的功能及属性特点等相似，并且能满足用户同一需求，品牌调性又比较接近的产品。这些竞品要作为文案策划创作前重点的分析对象。

2. 间接竞争对手

间接竞争对手指的是在同一行业下，但所面向的用户群体存在一定的差异性，与企业产品存在优劣势互补，短期内不会抢占目标人群的产品。对于这些潜在竞争对手，洞察其在未来可能采取的产品及营销策略上的变化至关重要。

(三) 竞品分析要点

在竞品分析时，除了对品牌整体的发展进行分析之外，还需要重点对以下几个方面开展分析。

1. 竞品卖点分析

竞品的卖点分析可以从产品的详情页展开。产品详情页包含产品的基础属性和核心卖点。分析竞品卖点，能够详细地了解竞品的基础属性和核心卖点，对比分析自身产品，挖掘自身产品的竞争优势。

2. 用户评论分析

分析用户对竞品的评论是了解用户需求的重要渠道。大部分用户会把使用产品的真实感受和对产品的价值需求反映在客户评论中。因此，对于产品详情页中以及营销过程中的用户评论要进行详细的总结和分析，从产品评论当中总结产品目前存在的劣势，掌握客户的需求，对比自身网店，开发更符合用户需求的产品。

3. 营销策略分析

在竞品分析时，要了解竞品所开展的营销渠道及投放的策略，每个渠道的内容策略是什么，特别要对其内容营销策略展开重点分析，包括内容投放的类型、结构和关键词等。营销策略的分析在文案内容的创作上具有重要的参考价值。

4. 产品价格分析

了解竞品的定价，掌握其定价的策略，能够对产品的各项成本和利润空间进行分析。这对自身产品的定价和成本的控制有较大的参考意义，用户对于产品价格比较敏感，价格因素也可以作为文案营销的一个切入点。

三、卖点提炼

以产品的核心卖点为文案创作的切入点，是电商文案策划比较直接的方式。

(一) 卖点的概念

所谓"卖点",无非指所卖产品具备了前所未有、别出心裁或与众不同的特色、特点。这些特点、特色,一方面是产品与生俱来的,另一方面是通过营销策划人的想象力、创造力开发的。卖点其实就是消费者消费的理由。

产品的卖点可以从很多角度去提炼,例如,从产品的外观、材质、工艺、功能、技术等,也可以从产品的附加价值,如包装等。卖点分为基础卖点和核心卖点两类。对于文案创作来说,抓住产品的核心卖点至关重要。核心卖点是能够体现产品核心竞争力的点,产品通过核心卖点能够与市场上同类型的产品进行区分,能够让用户快速记住该产品。

例如,提到OPPO手机文案(见图2-5),人们就会想到"充电5分钟通话2小时"。通过这个核心卖点,用户迅速记住了OPPO的产品。手机的卖点有很多,如外观好看时尚、屏幕指纹技术、摄像像素等,但目前大多数手机产品都具备了这些特点,当推出一款新的手机产品时,通过这些特点很难让用户一下子记住。为了区别于竞品,OPPO手机从充电、省电的角度创作了"充电5分钟通话2小时"这个核心卖点,与其他品牌的手机产品进行区分,同时"充电5分钟通话2小时"这个功能也是消费者非常需要的一项产品特质。

图2-5　OPPO手机的核心卖点

核心卖点的提炼需要具备以下特征。

(1) 唯一性。在同行业的同类产品中,产品独有的,具备唯一性,无法轻易复制,该卖点可以作为产品的核心卖点。

(2) 创新性。与同类产品相比,产品具有明显的创新性和差异性,同类产品尚且不具备的卖点。

(3) 超越性。与同行的产品对比有明显超越性竞争力的卖点。

(二) 核心卖点的提炼流程

1. 整理出产品所有的特性及功能点

文案创作者要从产品的外观、材质、工艺、功能、品牌、价格、促销、规格、情怀、包装、产地、技术、物流、销量等方面整理出产品所有的特性及功能点。如图2-6中的保温杯产品,可以整理出关于该款产品的品牌、600mL大容量、12小时保温、食品级材质、三合一设计、防漏水设计、双层真空等产品特性。

图2-6　某品牌保温杯

2. 分析用户的相关需求，根据用户需求关注度进行卖点排序

文案的创作要从用户的角度，基于用户喜爱和关注的内容，因此必须要了解和分析用户对于产品的相关需求，将产品的卖点根据用户的需求关注度进行排序。用户的需求可以从对产品本身的需求、服务需求和精神需求三方面进行分析。产品本身需求主要指的是对产品相关的材质、工艺、价格等方面的需求。对于不同类型的产品，用户的需求关注点不同，如对于保温杯，用户相对会比较关注保温性能、防漏水设计等方面，而对于一些快消品，如纸巾，用户会比较关注价格。服务需求主要指的是对产品售前、售后所提供服务的需求。精神需求指的是对产品满足情感方面的需求。

通过分析用户对产品的相关需求，将这些需求根据用户的关注度进行排序，找出对产品需求的重点。

3. 对比分析与竞争对手的差别

核心卖点指的是与同类型产品有所差异的卖点，是企业产品所特有的，而竞争对手所不具备的，具有唯一性、创新性和超越性。因此，在将产品所有的卖点进行整理提炼之后，根据用户的需求关注度进行卖点排序，最终将这些卖点与竞争对手的产品进行对比分析，找出用户关注度高、竞争对手不具备的卖点，将其作为产品的核心卖点。

4. 归纳和表达卖点

对于文案创作来说，在提炼出产品核心卖点之后，要对核心卖点进行归纳，确定卖点的表述方式及调性。

◎ **想一想**

在提炼出产品核心卖点之后，什么样的表述方式能够更加吸引用户，刺激用户消费？

(三) 提炼核心卖点的原则

1. 真实性原则

真实性原则指的是依托产品真实的功能，产品要具备文案所宣传的特性，能够满足用户的需求，这是文案创作的首要原则。所提炼的核心卖点以及以此为基础创作的文案必须依托产品真实的功能特性，不能夸大宣传，欺骗消费者，实事求是才能获得市场的认可。

2. 适用性原则

适用性原则指的是所提炼的产品核心卖点要具备一定的用户群体基础，是大部分用户群体所关注的，并且能够满足他们的需求。用户群体的规模直接关系到产品后续的销量，如果产品的核心卖点所满足的用户群体基数很小，那么后续产品的市场很难打开。

3. 独特性原则

产品的核心卖点要具备一定的独特性，要从企业产品中找出竞争对手所不具备的卖点，将具有唯一性、超越性、创新性的卖点作为产品的核心卖点，才能让产品在用户心中留下难忘的印象，使其快速记住产品。

四、明确调性

在进行产品卖点提炼后，明确了文案创作大致的内容之后，还需要考虑文案创作的方向，确定文案的调性，找准创作的风格。由于定位不同，不同类目、不同品牌也有适合自身的调性。文案风格要和这些调性相吻合。文案的调性主要包括以下几种类型。

1. 激情体文案

顾名思义，激情体文案，就是要将品牌或产品中原本具备的那股激情与豪迈的气质，通过文字表达出来。在内容用词上，可以大胆一点，尽可能选用一些表达清晰且感情充沛的词语，有意识地将一些长句进行切分、停顿，变成多个短句或词组，还可以运用"同字收尾、押韵"等技巧，制造一种语气上的节奏感。运动品牌安踏的文案"永不止步"(keep moving)在国内是无人不知、无人不晓的。"永不止步"不仅代表着国产品牌向世界发展的脚步，同时也是竞技体育的拼搏精神，是典型的激情体文案，如图2-7所示。

图2-7 安踏文案

2. 冷淡体文案

冷淡体文案整体风格内敛朴素，语气节奏比较缓慢，没有感情强烈的形容词，以动词、名词和助词为主，比较适用于倡导简约风格的品牌数码、科技、服装类的产品，如小米、网易严选等。

3. 生活体文案

所谓生活体文案，就是模仿生活中的真实对话，风格比较接地气，运用亲切的口语化文字，就像拉家常，或者朋友间语重心长的劝慰，轻易地拉近品牌与受众之间的距离。生活体文案较多用于日用品、家居品类，如宝洁、奥妙等。

4. 文艺体文案

文艺体文案区别于平日里的对话式语言，营造出一种文艺气息较强的调性。文艺体文案通常采用与诗歌类似的句式与节奏，通过一些专业术语、文化名词等来提升品牌的独特气质，较多用于服装、图书品类，如江南布衣、诚品书店等。

5. 幽默体文案

幽默体文案主要通过轻松、愉快、风趣的文案内容，让用户欣然接受产品营销信息，是用户比较喜爱的文案形式之一。幽默体文案比较适用于休闲零食、快餐品类。如图2-8所示，某电商品牌情人节推出的营销文案，以轻松、幽默的风格吸引了用户的关注。

图2-8　某电商品牌营销文案

6. 庄重体文案

庄重体文案指的是结构比较严谨端正，又不失可读性的文案风格。某些企业与行业的特质，决定了它们的文案风格不能太过随意，必须保持稳重大方，带给用户信赖感。庄重体文案比较适合于医疗、银行、教育类的产品。

7. 腔调体文案

腔调体文案要体现一定的格调和气派，不使用促销感太强的词语(如"实惠""限时大促""性价比高"等)，比较适用于一些定位高端、价值较高的品牌产品。

◎ **想一想**

从网上收集一些电商文案，按文案的调性对其进行分类。

项目实施

实训演练

学一学
扫码看视频

实训任务2-2　确定内容大纲

1. 实训目标

通过本任务的训练,学生能够明确文案推广的目的,了解竞品分析的重要性,掌握卖点提炼的方法,提炼产品的独特卖点,确定文案创作的调性,为后续电商文案的创作做好准备。

2. 实训背景

唐风温泉度假村酒店是武义县知名的温泉度假品牌。唐风温泉秉承了"盛唐风格"的唐代宫廷园林建筑风格,传承了"大唐风吕"的古代帝王养生沐浴温泉文化。每年10~12月是温泉旅游的旺季,武义唐风温泉计划在"金华行"等本地旅游公众号进行文案推广,刺激本地消费人群前往消费。请结合唐风温泉的目标人群画像,为该篇文案设计内容大纲。

3. 相关资源

(1) 美团网。

(2) 携程网。

(3) 飞猪网。

(4) "金华行"公众号。

4. 实施步骤

(1) 以电商文案小组为单位,填写任务记录单(见表2-4),并完成下列操作内容。

表2-4　任务记录单

实训时间	
实训地点	
小组成员姓名	

(2) 了解"金华行"微信公众号,调研该公众号的目标人群特征和文案特点,明确本次文案推广的目的。

(3) 通过美团网、携程网、飞猪网等线上旅游平台了解唐风温泉的产品和服务信息,列出唐风温泉的产品特点。

(4) 分析唐风温泉的用户评论,调研唐风温泉目标人群的需求,对唐风温泉产品特点进行排序。

(5) 通过竞品分析,筛选唐风温泉产品的特点,提炼出用户关注度最高的,同时也是最具竞争力的独特卖点,完善工具表2-2。

(6) 根据唐风温泉目标人群的特征,结合唐风企业品牌文化,确定此次文案创作的调性。

(7) 为唐风温泉完成此次文案内容的大纲设计,填入工具表2-3中。

5. 实训评价

实训评价内容、评价方式及对应的分值见表2-5。

表2-5 实训评价表

评价内容	分值	小组互评	教师评价
按照要求完成文案内容大纲	20		
文案变化效果合理且明确，有详细的描述	20		
卖点与目标人群相吻合，且能明显体现企业或产品的特征	20		
相较于竞争对手有明显的卖点优势	10		
文案调性合理	10		
团队成员合作，配合默契，共同完成任务	20		
总分	100		

电商文案工具表

工具表2-2　产品卖点提炼表

第一步：列出产品所有的特点	1. 2. 3. 4. 5. ……
第二步：根据用户关注度进行排序	1. 2. 3. 4. 5. ……

第三步：考虑与竞争对手的差别	竞争对手1	竞争对手2	竞争对手3
企业名称/品牌			
产品优势			

工具表2-3　文案内容大纲

文案目的	从认知—情感—行动三个目的谈一谈，这篇文案可以实现什么样的效果？	
产品卖点	1. 目标人群关注的	
	2. 竞争对手不足的	
	3. 产品独特的卖点	
文案调性		

任务三 where：选择投放渠道

扫码看视频

知识学习

引例

元气森林的多渠道营销方案

元气森林成立于2016年，是自主研发自主设计的创新型饮品品牌，立足健康需求，破除口味壁垒，传递健康生活理念，提供更贴心的用户体验。元气森林聚焦创新型饮料这一品类，具体产品系列有苏打气泡水、健美轻茶、乳茶等，定位精准，抓住"无糖"这一消费痛点，主打健康燃脂系列，包装精美，打造高颜值产品调性。

产品针对20~39岁，重视健康的消费人群，其中女性用户群体占比73.5%，男性用户群体占比26.5%，用户主要集中于一线、新一线和二线城市。产品定价略高于同类传统品牌饮料的价格。

元气森林在营销策略上采取多渠道联动营销，线下通过连锁便利店策略，主要进军全家、罗森、盒马这类连锁便利店，同时大幅投放线下户外广告。在广告投放上，元气森林通过电视媒体节目提高品牌曝光度，邀请明星代言、助推，同时产品频频亮相各大头部主播的直播间，依托天猫、京东、淘宝等电商平台进行广告投放。在内容营销方面，元气森林创作的文案以关键词"控糖""戒糖""断糖""热量""卡路里"等进行精准投放，投放渠道以小红书、抖音、微博等新媒体平台为主。元气森林的小红书账号页面如图2-9所示。

图2-9 元气森林的小红书账号页面

元气森林依托其精准的产品定位及多渠道的营销策略成功打开了饮料市场，获得了消费者的喜爱。

【资料来源：作者根据相关资料整理】

【引例分析】元气森林的成功营销离不开两个原因：一是顺应时代，抓住用户需求，打造健康饮品概念；二是包装新颖独特，成功吸引消费者眼球。有了产品的精准定位，再依托产品的卖点进行多渠道营销，并抓住核心卖点，创作出以"控糖""戒糖""断糖""热量""卡路里"等用户喜爱的文案内容，通过小红书、微博、抖音等新媒体平台进行投放，而这些平台的用户群体与产品的目标客户群体又相吻合，逐步打开市场，扩大了用户群体。

一、电商文案投放渠道介绍

完成文案创作的内容大纲之后,要明确将内容投放到哪些渠道。不同渠道的文案内容和用户群体都有所差别,需要根据投放渠道的特点来选择适合的内容。

(一) 投放渠道的类型

1. 传统电商类渠道

传统电商类渠道指的是以天猫、淘宝、京东、拼多多等电子商务平台为代表的文案投放渠道。这些平台直接销售产品,文案内容也是围绕着产品展开的,通过产品详情页、产品海报、店铺页面、店铺推广等形式进行文案内容投放。而随着内容电商的发展,这些平台也衍生出内容板块,例如淘宝微淘、淘宝直播、京东直播、京东逛、多多视频等,电商文案的投放形式变得更加丰富。

2. 内容电商类渠道

内容电商类渠道指的是主要通过内容来运营电子商务的平台,以小红书、抖音、大众点评等平台为代表。这些平台以内容为主,并且内容形式多样化,可以是图片、视频、文字,在内容的表达和传递中,告诉目标用户产品的特点、优势、体验和品牌文化等,逐步发展用户群体。

3. 社交类渠道

社交类渠道指的是基于用户关系进行信息分享、传播及获取,并通过关注机制分享简短实时信息的广播式的社交媒体、网络平台,以微博、微信等平台为典型代表。这一类平台的用户基数比较大,文案投放需要较长时间的积累才能达到扩大粉丝群体的目的。

4. 资讯类渠道

资讯类渠道提供高质量的文章给用户阅读,通过文章内容来吸引用户、传播新知、引发讨论。这一类平台以百度百家号、今日头条、知乎为代表。此类平台一般对于文字的质量要求比较高,平台关注者的素质也较高,因此要求创作者有较高的专业素养和创作能力。

(二) 主流投放渠道介绍

1. 淘宝

淘宝,综合型电子商务平台。据统计,月度活跃用户超过8亿人,日均活跃用户超8000万人,以产品销售为主,文案的投放主要通过产品详情页、产品海报、推广海报等展示。同时,淘宝的内容营销体系也在逐步拓展,可以通过淘宝直播、淘宝微淘、淘宝头条、有好货等板块投放文案,通过阿里的创作平台(见图2-10)也可以实现高效的文案创作及投放。

图2-10 阿里创作平台页面

2. 京东

京东，综合型电子商务平台。截至2022年3月31日，京东年活跃用户达5.805亿人。京东平台除了通过传统的与产品有关的页面进行文案内容投放之外，还可通过新颖有趣的文案内容形式将产品投放到站内的各个板块，其中包括会买专辑、发现好货(见图2-11)、排行榜、视频购等，覆盖美食、数码、美妆、穿搭、母婴等多个领域，实现内容的精准推荐，提升店铺的曝光率和成交量。

图2-11　京东发现好货板块

◎ **想一想**

同为综合型电商平台的拼多多，有哪些文案投放板块？

3. 小红书

小红书，主流社交媒体和电子商务平台。主要用户群集中在20~35岁的女性，用户可以通过文字、图片、视频笔记分享记录自己的购物经验及各类生活讯息，分享范围广、精准度高。小红书通过高质量的文案内容吸引用户关注，其点赞、收藏、评论数量是对文案质量的直接反馈。

4. 抖音

抖音，一个面向全年龄段的短视频社区平台，其用户基数大，黏性也较强。作为短视频的流量价值入口，大量具有娱乐性、营销性的短视频得以在抖音上曝光、传播，借助抖音短视频进行产品推荐是一种创新而有效的方式。例如，通过主题清单式、植入剧情式、开箱体验式、好物盘点式、体验测评式等文案视频内容来吸引用户的关注，从而吸引粉丝和提高品牌知名度。

5. 大众点评

大众点评，2003年成立于上海，是基于本地生活信息的交易平台，也是独立第三方消费点评网站。大众点评不仅为用户提供商户信息、消费点评及消费优惠等信息服务，同时也提供团购、餐厅预订、外卖及电子会员卡等O2O(online to offline，线上到线下)交易服务。大众点评作为文案投放渠道，可以通过精选评价、达人笔记、探店短视频及直播等形式进行内容营销。商家引导用户撰写真实消费体验好的评价，拍摄高质量的图片，为商家带来曝光度。

6. 微博

微博，基于用户关系的社交媒体平台。用户可以通过手机等多种移动终端接入，以文字、图片、视频等多媒体形式，实现信息的即时分享、传播互动。用户通过微博能够公开实时发表内容，转发及评论可以大大提高文案内容的曝光度，通过裂变式传播，让用户与他人进行互动。

7. 微信

微信，实现实时通信的社交软件。微信是通过朋友圈和公众平台功能建立社交媒体平台，用户可以发表文字和图片，同时可分享其他软件的文章或者其他内容，用户的好友可进行点赞及评论。通过微信公众号，个人、企业等用户可作为自媒体发布文字、图片、视频等内容进行营销。

8. 百度百家号

百家号，百度为创作者打造的集创作、发布、变现于一体的内容创作平台，也是众多企业实现营销转化的运营新阵地(见图2-12)。百度百家号依托于百度搜索引擎强大的用户基础，使内容创作者在百家号发布的内容通过百度信息流、百度搜索等分发渠道影响亿万用户。

图2-12　百度百家号

9. 今日头条

今日头条，一款基于数据挖掘的推荐引擎产品。它可以为用户推荐信息，提供连接人与信息的服务产品，是国内移动互联网领域成长最快的产品服务之一。今日头条基于个性化推荐引擎技术，根据每个用户的社交行为、阅读行为、地理位置、职业、年龄等挖掘其兴趣，通过兴趣、位置等多个维度进行个性化推荐，推荐内容不仅包括新闻，还包括音乐、电影、游戏、购物等资讯。今日头条页面如图2-13所示。

10. 知乎

知乎，一个中文互联网高质量的问答社区和创作者聚集的原创内容平台。通过知乎平台，用户可以分享知识、经验和见解，找到想要的解答。用户通过知识建立信任和连接，对热点事件或话题进行理性、深度、多维度的讨论，分享专业、有趣、多元的高质量内容，打造和提升个人品牌价值。知乎的文案投放对内容创作者的要求较高。知乎内容推荐页面如图2-14所示。

图2-13 今日头条页面

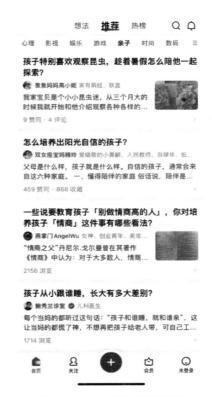

图2-14 知乎内容推荐页面

二、投放渠道对比分析

每种类型的投放渠道各有其特点，文案人员要通过对比分析，选择更适合的平台进行文案投放。

1. 传统电商类渠道

淘宝、天猫、京东、拼多多作为主流的电子商务平台，是电商企业投放文案的首要阵地。这些平台在活跃用户和用户月使用时长上有非常明显的优势，但各有特点。

淘宝、天猫作为综合性平台，近年来注重打造千人千面的购物体验，在内容营销体系方面，通过阿里创作平台进行多板块多形式的内容投放；京东虽然也是综合类平台，但其电子数码类产品更具竞争力，同时注重物流体验感的提升，主流人群中一线城市的年轻的男性用户较多；拼多多在传统电商基础上赋予了社交属性，更具趣味性，通过低价、拼团吸引用户，近年来目标人群中老年化、下沉市场比较明显，通过一些小游戏、社交活动进行传播推广。

2. 内容电商类渠道

以小红书、抖音、大众点评等为代表的内容电商类渠道，以文字、视频、图片多样式的内容传播为主，但各个渠道的定位和特点明显不同。

小红书专注于精致生活分享，以20~35岁的年轻女性为主要的用户群体，涉及美妆、时尚、健身、护肤、旅行等品类。用户可以发布文字、视频、图片等内容或通过评论区、关注发布者等方式与他人进行交流，各用户之间的黏性很强，关联度也比较高。小红书通过好物测评、清单推荐等，增强用户对产品的信任度，带动产品的成交。小红书正是通过社交方式引流用户到商城，实现社交电商。

抖音相比其他平台最大的特性是，通过视频的方式来变现。用户群已经由低龄向高龄转移，用户的年龄段分布较广。抖音具有泛娱乐化、弱社交的特点，大量具有娱乐性的短视频得以曝光、传播，促使创作者在创作视频时向轻松、娱乐的风格靠近。同时，抖音的内容属性远强于社交属性，相比于把它作为日常的社交工具，用户更愿意在抖音中观看视频。短视频内容上呈现时间短、更新快、门槛低的特点，通过场景营销、开箱体验、体验测评等入口转化流量。

大众点评以介绍当地吃喝玩乐产品为主，用户多为当地人和旅行者，适合O2O企业的内容投放。在内容营销上，文案人员要重点抓住用户评价、达人笔记、探店短视频及直播等形式进行内容创作与投放。

3. 社交类渠道

以微博、微信为代表的社交类渠道，用户基数大，但两个平台有着明显不同。微博内容简短，互动优势比较明显，通过评论及转发进行内容传播，但需要依托有一定粉丝基础的账号；在具体内容方面也更加娱乐化，平台人群偏年轻化，适合事件营销发酵。微信平台的文案投放主要依托朋友圈和公众号平台，领域更加垂直，私域管理更方便，适合进行口碑分享。

4. 资讯类渠道

资讯类平台的主要代表为百度百家号、头条、知乎。百家号主要依托百度搜索引擎的用户基础，头条与字节跳动及抖音有着高度重合的用户群体，这两个平台的月活、使用时长表现都较好，主要特点是基于个性化推荐引擎技术，根据每个用户的兴趣、地理位置等维度进行个性化内容推荐，精准度较高。知乎平台比较重视内容质量，其男性用户群体多于女性用户群体，消费人群以一二线城市白领为主，适合知识问答、知识普及、深度科普类的文案投放。

三、选择合适的投放渠道

在了解了主流的电商文案投放渠道之后，通过对比分析各个渠道，企业需要根据投放的产品、投放的目的和投放的文案内容选择合适的投放渠道进行内容投放。投放渠道的选择主要遵循以下原则。

1. 人群导向原则

人群导向原则指的是所选择的投放渠道的用户群体要与产品的目标群体相吻合。根据前期对产品用户画像的分析，了解用户喜好和兴趣点，筛选出用户经常浏览的平台、频道，选择和企业产品目标人群相吻合的平台进行文案投放。同时，电商文案的投放是可以实现定向的，可以在投放平台上根据用户年龄、行为、位置、兴趣点等进行筛选，实现精准投放。

2. 平台导向原则

平台导向原则指的是在进行文案内容投放之前，要清楚地了解平台规则。很多平台对于创作者和发布的内容都有一定的门槛，文案人员需要提前做好相关准备。同时，文案人员也要了解清楚平台的投放推广费用，以便做好后期内容推广的成本控制，提前做好预算。

3. 流量导向原则

电商文案的投放是为了给产品和企业引流，通过文案营销吸引用户的关注，扩大粉丝群体，提升品牌的知名度。因此，在选择投放渠道时要考虑流量导向原则。通过文案内容的投放吸引到用户群体的关注的同时，还要考虑后续用户引导及转化，避免流量的流失，实现流量变现。

企业在选择广告投放渠道时，一般不会只在单一渠道进行投放，而是通过文案内容在多元化的平台(如小红书、知乎、头条等)进行公域流量的筛选和引入，再通过文案内容实现淘宝、京东、小程序等销售终端的销售转化，最后通过文案内容进行微信公众号、官方微博等私域用户的运营和管理。这是一种比较理想的内容矩阵模式，可以实现流量利用的最大化。

◎ **想一想**

公域流量的筛选和引入可以通过哪些平台？销售终端主要指哪些平台？私域用户的运营又可以通过哪些平台？

项目实施

实训演练

扫码看视频

实训任务2-3　选择投放渠道

1. 实训目标

通过本任务的学习,学生能够了解主流内容投放渠道,学习其特点,掌握投放渠道选择的原则,能够选择合适的内容投放渠道。

2. 实训背景

唐风温泉度假村酒店是武义县知名的温泉度假品牌。唐风温泉秉承了"盛唐风格"的唐代宫廷园林建筑风格,传承了"大唐风吕"的古代帝王养生沐浴温泉文化。近年来,唐风温泉一直在拓展其网络推广渠道,尝试通过图文、短视频、直播等内容形式进行网络宣传,提升企业知名度和影响力。请结合唐风温泉的目标人群特征和内容平台特征,为其筛选合适的投放平台,并构建推广矩阵。

3. 相关资源

(1) 携程网。

(2) 美团网。

(3) 飞猪网。

(4) 小红书。

4. 实施步骤

(1) 以电商文案小组为单位,填写任务记录单(见表2-6),并完成下列操作内容。

表2-6　任务记录单

实训时间	
实训地点	
小组成员姓名	

(2) 在实训任务2-1、实训任务2-2的基础上,完成本次实训任务。

(3) 了解主流内容投放渠道的特点,选择5~10个与唐风温泉目标人群相吻合的平台。

(4) 了解这些平台的文案内容投放规则及扣费方式。

(5) 根据不同平台的特点,构建推广矩阵,并明确每个平台账号类型、数量和作用。

(6) 完成以上内容,填入投放渠道分析表。

5. 实训评价

实训评价内容、评价方式及对应的分值见表2-7。

表2-7 实训评价表

评价内容	分值	小组互评	教师评价
按照要求完成投放渠道表	20		
渠道选择合理	20		
规则、扣费方式正确且详细	20		
账号类型、数量设计合理	10		
各渠道发挥作用，且形成良好的推广矩阵	20		
团队成员合作，配合默契，共同完成任务	10		
总分	100		

电商文案工具表

工具表2-4　投放渠道分析表

序号	渠道	规则	扣费方式	账号类型 (企业/个人)	数量	作用
1						
2						
3						
4						
5						
6						
7						
8						
9						
10						

任务四　how：文案创意

扫码看视频

知识学习

引例

"躺平"也是"卷"？看卫龙"双十一"如何"开摆"

"佛系"一词在2017年末出现在大众的视野，并借助自媒体平台迅速传播和发酵。这一概念最初源于日本的"佛系男子"，后经由微信推文《第一批"90后"已经出家了》席卷网络，获得部分青年的心理认同，最具代表性的"手捧莲花"表情包也随之受到青年人的青睐。青年群体以"佛系青年"自居，表达一种"都行，可以，无所谓"的人生态度。

卫龙辣条，是许多人的童年回忆。这个曾经风靡于学校小卖部，如今活跃在互联网的零食品牌，凭借着直击人心又趣味十足的"佛系"营销火出了圈。2022年的"双十一"，别的商家都在争做"卷王"，而卫龙却直接"躺平"。整个天猫旗舰店的装饰页面(见图2-15)有一种无欲无求、四大皆空的感觉，往下拉会看到一个怀抱辣条、头戴耳暖、手捧莲花的小哥，表情不悲不喜望向远方，配合上"你一单我一单，运营马上能下班"的对联与"下单就是缘，'荷'德'荷'能，销量达成"的横批，把佛系风格充分展现。

图2-15　卫龙旗舰店首页

从销售的心态到优惠券的发放以及逼单的整个过程，卫龙所建构的文本中都透露着"佛系"。如图2-16所示，首页便能看到"优惠领空，辣条卖空，四大皆空""没有单个安利的欲望，大礼包就购了""全都不贵，佛系面对""随便买买，都是缘分"等朗朗上口的广告语。看似主张消费者"佛系面对",实际上直指"成交",蕴含了对消费者的洞察。例如"没有单个安利的欲望,大礼包就购了"的广告语抓住了消费者的懒人心理,将产品的选择与购买变成一个简单的选择,消费者只需要确定买买买就够了。

图2-16　卫龙旗舰店营销文案

同时,卫龙的客服、直播人员定位也与营销主题保持着高度一致,准确地把握住了当下年轻人的心理状态,能让大多数人产生共鸣,迎合了"佛系"青年的亚文化文本建构,也在悄无声息中影响着公众的购买意愿,并形成了品牌传播的素材,起到了事半功倍的营销效果。

【资料来源:Tammy."躺平"也是"卷"?看卫龙"双十一"如何"开摆"[EB/OL]. (2022-11-23)[2023-01-23]. 公众号大数据与计算广告研究中心.】

【引例分析】创意是文案的灵魂。通过巧妙安排,文案能有意识地创造某种意境,使文字的感染力与内涵都达到升华,让文字"活"起来。文案的创意可以来自对生活的反思,可以来自古人的智慧,也可以反其道而行。创意的出处不重要,只要能够唤起用户的共鸣,那就是好的文案创意。

一、好创意的特征

随着电商领域竞争的日益激烈,平庸的文案很难吸引消费者的注意,如果还是只会写"新品大促""全场5折""跳楼价大放送"之类的文案,已经起不到营销效果。有创意的文案能从平庸的文案中脱颖而出,让人眼前一亮。电商文案人员只有创作出具有创意的文案,并将产品的独特卖点和创意文案相结合,才能给消费者留下深刻的印象,从而提高文案的传播效果,刺激转化。那么,有创意的文案需要有哪些特征?

(一) 创意要简单

好的创意一定是简单易懂，便于消费者理解的。消费者浏览电商文案的时间可能只有几秒，所以创意展示的时间也就只有这短短几秒。因此，在创作文案的过程中，文案创作者要用最简短的文字、最直白的图片来表达产品的独特卖点，用最快的速度直击消费者的内心。越是简单的创意，就越要求文案表达要简短、精练、深刻。

(二) 创意要意外

创意不仅要简单，还要出乎意料，这样才能吸引消费者的注意。创意或观点要与众不同，在人们的意料之外。为什么生活中很多信息、创意、观点没有引起人们的注意，原因就是这些内容没有什么新意。只有制造出意外的事物，才能让消费者印象深刻。制造意外通常有以下两种方式。

1. 打破常规

打破常规就是打破固有的规章制度。文案人员要尽可能地挖掘一些不同寻常的表达方式，这也是吸引消费者注意力的常用方法之一。在饿了么与蜜雪冰城联合推出的海报(见图2-17)中，一个人揭开口罩，嘴里塞着一整杯奶茶。这种夸张的表现当然与现实不符，但是视觉冲击够大，让人很意外，印象也很深刻。

2. 制造缺口

制造缺口就是利用消费者想要规避风险的自我保护意识，制造紧张感和不适感，从而打开消费者的心理缺口。简单来说，就是先告诉消费者某些他们需要知道的问题，从而制造焦虑，再引出解决问题的创意或观点。

(三) 创意要形象

创意无论是简单还是意外，其作用都是吸引消费者的关注，但是想要消费者记住并且理解文案的创意，还需要更加形象的描述。因为对事物的细节

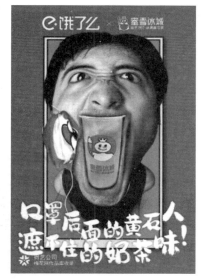

图2-17　饿了么、蜜雪冰城联合海报

描述、场景化的表达，以及对情境的营造都会给人留下深刻的印象。例如，讲解一些抽象的理论或者学术词汇是非常乏味的，且不容易理解的，但是如果能用有趣的、形象的案例来讲解，就会容易很多。因此，想要让文案创意或观点能够传播，文案人员就必须用形象的、具体的、有画面感的以及有场景代入感的语言来进行描述。

(四) 创意要可信

虽然消费者可以被文案的创意或观点吸引，并且理解文案的内容，但是他们不一定会相信这些内容。因此，需要在创意和消费者之间建立信任。提高创意或观点的可信度有以下三种方式。

1. 权威代言

权威通常会给人带来一种信任感和安全感。消费者为了减少试错成本，节约精力，一般会倾向于相信权威。权威代言不仅可以提高产品的关注度和知名度，还可以增加消费者对品牌的信任度和喜爱度。因此，商家会选择明星或者邀请行业专家来介绍自己的产品，将知名人士与具体产品联系起来，以达到产品销售的目的。

2. 添加数据

添加一定的数据更具有说服力。数据是客观的，是不容易造假的，这也是消费者喜欢查看产品相关数据的原因。

3. 消费者亲证

现在的消费者更加理性、更加成熟，他们更愿意相信自己看到的事物，希望能够亲自验证产品是否达到自己的预期效果。所以，开展试吃、试用等活动也是提高企业品牌影响力的方法。

（五）创意要走心

好的创意能够激发消费者的情感，这种能激发情感的创意，往往能够给人留下特别的记忆。所以，文案人员想要让自己创作的文案被更多的人记住，这个创意就一定要走心，要努力地调动消费者的情绪，让其不自觉地与产品产生交互，从而认可产品。图2-18为小红书"露营季"主题活动的宣传视频截图，视频以"露营是成年人的过家家"为主题，描绘出成年人露营的情绪感受。短片展现出露营过程中难得一见的小乐趣——给帐篷戴顶帽子、和孩子一起玩木头人的游戏、傍晚学学青蛙叫……配以"平时藏起来的幼稚，总要找个地方露出来"的文案，既形象，又简单，同时还很用心，引人关注，引人向往。

图2-18　小红书"露营季"主题活动宣传视频截图

二、创意思维方法

电商文案的创意策划需要创造性，需要文案创作者有创造性的思维方式，打破陈旧，勇于创新。接下来介绍几种创意思维方法，帮助文案人员构思出有创意的文案内容。

(一) 九宫格法

九宫格法，又称曼陀罗思维法，它是强迫创意产生的简单练习方法，很多人使用这种方式构思文案。九宫格法的操作步骤具体如下所述。

第一步，取一张白纸，先画个正方形，然后将其分割成九宫格，将要进行创意思考的主题(产品名称等)写在正中间的格子内(见图2-19)。

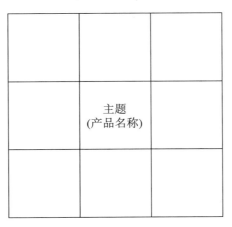

图2-19　九宫格法第一步

第二步，将与主题相关的联想任意写在旁边的8个格子内，尽量用直觉思考，不用刻意寻求"正确"答案。

第三步，尽量将8个格子的内容扩充完整，鼓励反复思维、自我辨证，先前写下的内容也可以修改。

举个例子，对一款飞利浦的电动牙刷礼盒，运用九宫格法进行创意灵感的寻找和梳理。首先把产品名称写在最中间，然后根据产品详情来挖掘产品优点。例如，这个套装是针对即将到来的七夕情人节推出的，有一个很重要的卖点就是情侣礼盒。除此之外，这个产品还具有紫外线杀菌功能、超长续航等优点。经过不断调整，九宫格的每个格子内写的都是这个产品最重要的卖点，也是文案创作需要重点关注的点，如图2-20所示。

七夕限定情侣礼盒	紫外线杀菌旅行盒	14天超长续航
清洁、亮白、护龈三大模式	飞利浦电动牙刷礼盒	防水机身
智能计时	知名品牌	两年全国联保无忧售后

图2-20　飞利浦电动牙刷礼盒九宫格

(二) 头脑风暴法

头脑风暴法，原指精神病患者出现思维混乱的情况下，短时间会产生大量不着边际、天马行空的想法。美国学者亚历克斯·奥斯本借用这样的概念来比喻思维高度活跃、不受约束、打破常规的思维方式。人们通过这样的思维方式进行大量具有创造性的设想，设计出可用的创意。头脑风暴法实施起来一般有4步，依次是明确议题、进行铺垫、有序讨论、筛选补充。但是，需要注意的是，为了保证头脑风暴实施顺利，且能提出有价值的点子，在过程中需要遵循以下规则。

(1) 提出的点子越多越好。在进行头脑风暴时，参与者的注意力应该集中在点子的数量上，而不是点子的质量上。参与者需要穷尽自己的想法，这样能大大增加提出有用点子的概率。

(2) 不要审查，不要评论。在进行头脑风暴的时候，参与者应该自由思考，不要进行任何的评判。审查和评价是之后要做的事情，尽管每个人都有极大的冲动想要随时评判自己的点子，但一旦启动评判就会对思考产生压制。

(3) 接受不同寻常的想法。不要对自己的想法附加任何的评判标准，不要考虑自己的想法是否靠谱、是否符合常规，有些想法可能完全超出预料，参与者要让自己的想象力"自由飞翔"。

(4) 合并和改进想法。如果参与者任由自己的思绪发散，那么可能会有一些想法的部分内容发生重合。参与者要仔细分析这些想法的相似之处，对相似度高的想法加以合并调整。集体采用头脑风暴法可以激发更多创意。

(三) 联想思维法

联想思维法，也称为水平思考法，是指将思路散发到问题以外想出主意的这个过程，将问题与那些和问题本身毫无瓜葛的事情联系起来，一个新的想法就会诞生。爱德华创造了一种称为"智囊球"的产品，来鼓励人们从更多的侧面进行思考，结果就会变得更具有创意。智囊球就是一个直径大约为20厘米的球，球内装有很小的印有14000个词语的塑料片，用户可通过球上面一扇小小的窗看到3个词，每摇动一次球，用户就可将小窗户上看到的3个词语记录下来，并且与自己正在思考的营销问题相联系，最终可提出一个解决该问题的全新思路。这种思维方式的要点在于，将没有关联的东西，通过联想关联起来，创造出全新的创意。例如，创作者想要卖出自己的飞机，典型的做法是发布一条广告，主要是讲述飞机的特色和装备。但是如果使用智囊球来进行水平思考，创作者也许会写下3个完全没有联系的词语"农场""销售员"和"同情"。创作者必须创造出一篇涵盖这3个词语的广告文案。这样一个过程会迫使创作者搜索大脑，回忆脑海中存储的数据和所有经历，找到一些能够联系这3个词语的思路。同时创作者需要牢记的是：必须要卖出飞机。

◎ 想一想

请联系"农场""销售员""同情"三个词，给飞机设计创意销售文案。

(四) 逆向思维法

在海量的电商文案中,大部分的文案创意都是采取平铺直叙的方式。反其道而行之,有时候反而能打破陈规,获得不一样的创意灵感。图2-21是两个借贷产品的宣传海报,正常的营销思维都是想要你来贷款,贷款越快越简单说明产品越好。但是反过来想,借钱总归不是好事情,除非钱用在刀刃上,如果借钱太容易,反而会滋长社会冲动消费、超前消费的不良风气。那么,逆向思维的文案来了,"如果只是一时冲动,我们不希望你来借钱""如果不能长久坚持,我们不希望你来借钱""如果没有认清机会,我们不希望你来借钱"。一个借贷软件,竟然劝导不要来借钱,这样的文案会不会让你印象深刻?会不会对这个品牌增加一丝好感?

(a) 正常的营销思维　　　　　　　　(b) 逆向的营销思维

图2-21　借贷产品海报

三、热点发掘与追踪

热点,指的是比较受大众关注或者欢迎的新闻和信息,也指某时期引人注目的事物或者问题。热点通常能够吸引大量的关注,如果文案与热点事件相关,就很容易得到传播;如果能在热点事件发酵的当下就抓住热点创作出文案,其传播的效果就会更好。文案的创作者要具备敏锐的嗅觉,实时关注社会动态,及时做出反应。同时,很多有意思的文案创意都是来源于热点事件和话题。

依靠热点来策划文案创意,需要注意以下几点。

(一) 掌握热点话题的时效性

热点具有一定的时效性，一般在热点话题出来的一个星期后，人们对热点的关注热情会逐渐淡去。热点过了时效期，就基本失去了借此进行电商文案创作的价值。所以，将热点作为写作切入点的文案投放，最好在热点出来的3天内进行，这样才能获得更高的关注度。

(二) 寻找热点与文案内容的契合度

无论为哪个行业、哪些产品创作电商文案，重要的是把电商文案内容与热点话题结合起来，并保证两者之间的契合度。只有与热点话题相关的电商文案，才能获得更好的营销效果。乱蹭热点的文案，可以"骗"来一些流量，但是这些流量是不精准的，基本没有后续价值。

在产品的销售文案中，电商文案需要体现的是和产品相关的内容，因此，热点也需要和产品契合。通过坐标轴可以发掘热点与产品的契合度，从而进行文案创意的策划。如图2-22所示，坐标横轴代表产品卖点，纵轴代表热点，先将与产品卖点、热点有关的关键词都写在坐标轴相应的位置上，再将能够契合的热点与卖点对应的矩阵做上标记，结合两者特点创作文案内容。

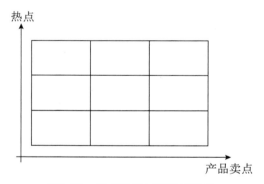

图2-22　热点发掘与追踪坐标轴

(三) 利用热点的关键点创新内容

利用热点创作电商文案时，最重要的是抓住热点的关键点，另外还要学会创新转换，不能一味地复制套用。大家看到大量的重复内容之后，就会失去新鲜感，并且产生厌烦情绪。所以，文案人员还需要具备热点创新的能力，对热点进行改造，让其重新焕发活力。

举一个例子，美的中央空调在父亲节前夕发布了一个短视频，大家可以扫描二维码观看视频。在这则广告中，创作者以"父亲节"这个即将到来的节日为热点进行营销宣传。通过热点发掘与追踪坐标轴来还原这则广告，如图2-23所示。首先，以"父亲节"为热点，发掘和追踪这个热点：父亲节是一个容易被忽视的节日，不像母亲节、三八妇女节那样被重视。但是身为父亲的这些人，在家庭中同样承担着非常大的责任，老父亲也需要被重视，也需要子女的关爱和陪伴。人们将这些关键词摘录下来，写在热点发掘和追踪的纵轴上。其次，将美的中央空调的卖点写在横轴上：四季可用、无风感静音、知名品牌等。在该坐标轴里面，热点

扫码看视频

的哪些关键词可以和产品的卖点相结合的?例如,父亲在家庭中所扮演的角色和美的中央空调无风感静音的卖点很像,都是默默无闻的,年老的父亲需要实时陪伴和美的中央空调四季可用的卖点可以相关联,父亲守旧古板的常规形象和美的知名老品牌的形象也可以关联,最后就创意出来了:"父爱无形,四季守护"。在父亲节这个节日前,这样的营销内容,可以起到春风化雨、润物无声的宣传作用。

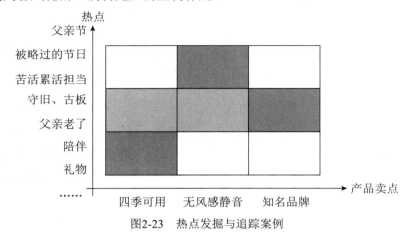

图2-23 热点发掘与追踪案例

项目实施

实训演练

实训任务2-4　文案创意

1. 实训目标

通过本任务的训练,学生能够了解好的文案创意有哪些特征,学习并掌握文案创意的思维方法,寻找到创意灵感,同时能够借助热点,构思出好的创意内容,培养创新思维。

2. 实训背景

近年来,唐风温泉一直在拓展其网络推广渠道,尝试通过图文、短视频、直播等内容形式进行网络宣传,提升企业知名度和影响力。经过一段时间的尝试,唐风温泉还是没有创作出爆款内容,主要原因是内容缺乏创意。请结合所学知识,为唐风温泉构思创意文案。

3. 相关资源

(1) 唐风温泉宣传资料。

(2) Teamind、mindmaster等思维训练软件。

4. 实施步骤

(1) 以电商文案小组为单位,填写任务记录单(见表2-8),并完成下列操作内容。

表2-8　任务记录单

实训时间	
实训地点	
小组成员姓名	

(2) 在之前技能训练(分析用户画像、确定内容大纲、选择投放渠道)的基础上,进行本次训练。

(3) 选择两种合适的创意思维方法(九宫格法、头脑风暴法、联想思维法、逆向思维法),寻找创意的灵感,并将过程进行记录,填入工具表2-5。

(4) 寻找近期相关热点,画出热点发掘与追踪坐标图,并寻找关联点。

(5) 提炼文案创意,并进行简单描述。

(6) 根据好创意的5个特征(简单、意外、形象、可信、走心)进行检验。

(7) 各个小组分享创意文案。

5. 实训评价

实训评价内容、评价方式及对应的分值见表2-9。

表2-9 实训评价表

评价内容	分值	小组互评	教师评价
按照要求完成训练内容	20		
创意思维方式运用正确	10		
创意灵感合理，且有意思	10		
热点选择合理，且能合理拆解热点关键词	20		
产品卖点合理	10		
卖点与热点结合点合理	10		
文案创意至少符合1个特征	10		
团队成员合作，配合默契，共同完成任务	10		
总分	100		

电商文案工具表

工具表2-5　文案创意思维表

思维方法1	
过程记录	
创意灵感	
思维方法2	
过程记录	
创意灵感	

同步测试
学一学
扫码做题

延伸阅读

小红书文案投放成功案例解析

小红书作为新生代消费者聚集地，如何推广年轻人喜爱的产品和内容，高效打造出圈爆款，成为众多品牌关注的焦点。下面，通过三个案例拆解小红书品牌运营策略，协助品牌快速抢占用户心智，提升产品曝光度。

案例一：打造差异化卖点，抢占用户心智

随着越来越多的品牌入局小红书，品牌必须要有自己的核心产品，才可以形成差异化竞争，被消费者看见并记住。汽车品牌"五菱"就通过宏光mini成功出圈，与传统汽车追求性能不同，五菱更注重产品外观，在以年轻女性用户为主的小红书，宏光mini的"潮流外观"更贴近用户的消费需求。

小红书数据显示，近30天与"五菱"相关笔记达到652条，热搜词达999条，相关话题有353条。

观察近30天热门笔记，其中一位创作者发布的关于"我的五菱梦中情车"点赞数达到2.71万，预估阅读量达17.57万次，评论达982条，评论多为"这个可以""喜欢""可爱"，多为用户的肯定，如图2-24所示。

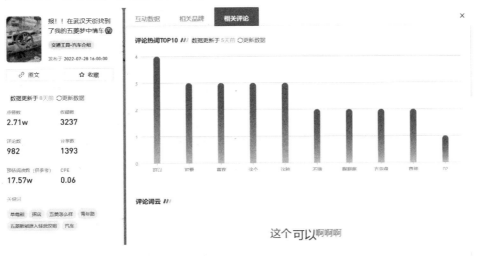

图2-24　某热门笔记的评论热词分析

通过相关话题打造和内容种草，五菱成功将宏光mini从"买菜代步车"扭转为"行走涂鸦墙"，成为品牌最亮眼的标志；也使"五菱"完成传统品牌年轻化过渡，全面刷新品

牌观感。由此可见，品牌在入局小红书前，需要提炼自身差异化潜力产品，通过营销手段放大关键产品亮点，打造爆款单品去带动品牌，给用户留下基础认知。

案例二：传递差异化诉求，触达更多潜在用户

以内容为核心的小红书，除达人投放获取流量外，官方账号也是品牌构建私域流量池的重要支撑，通过拉近与用户的距离，使品牌更好地与用户建立直接的沟通，便于后期交易转化。

以国货美妆品牌"PMPM"为例，红人搜索数据显示，截至目前，该官方号共发布837篇笔记，赞藏数101.51万，粉丝数13.29万，如图2-25所示。账号针对年轻女性用户，采取"品牌宣传""福利派送""产品测评"等多元的内容形式，触达更多潜在用户。通过输出央视报道视频提升品牌价值，打造用户基础认知；通过福利活动吸引用户互动，触达更多人群，实现引流获客；转载"老爸评测"的专业内容，从配方分析、产品功效等多角度为产品背书，增加小红书用户的信任度，降低消费决策时长。

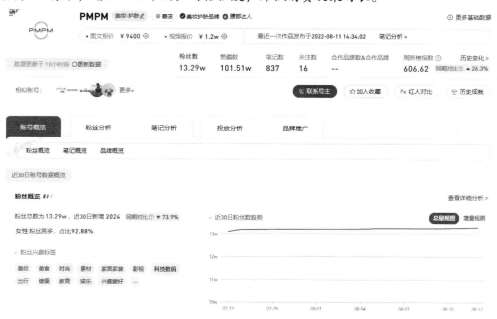

图2-25　PMPM搜索数据分析

个人运营者的分享对用户来说更多是经验获取，而企业号的运营讲究调性与品质，通过品牌故事、产品解析及福利活动吸引用户。

案例三：培养用户互动习惯，提升粉丝黏性

一个好的产品，需要构建起品牌与用户的亲密关系，通过培养用户固定互动习惯，从而提高粉丝黏性。母婴品牌Babycare，除了推出互动抽奖福利，还招募新品体验官、野生代言人，鼓励用户通过图文或者视频的方式发布体验笔记，通过粉丝在小红书上的社交影响力，进一步覆盖更多人群，实现营销种草的裂变。Babycare近期推出的话题"Babycare

新育儿美学",邀请年轻一代爸妈分享自己的带娃经历、宝宝的成长故事,展现他们的多元育儿观念,搭建起一个真诚分享的空间。该话题截至目前已经获得796.07万次浏览(图2-26),利用话题的社交属性促使用户共创,把用户变成天然的品牌传播者。

图2-26　Babycare新育儿美学话题页面

在特殊节点,借助品牌联动扩大声量是常见的推广模式,Babycare联合合生元、美赞臣等母婴品牌推出新年活动(见图2-27),发送联合优惠券,通过整合双方优势,在用户中双向渗透,拓宽了受众用户的圈层,实现共赢。

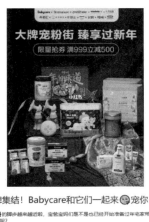

图2-27　Babycare与合生元、美赞臣等母婴品牌推出活动页面截图

小红书为一个内容+社交的分享型平台,超过2亿年轻用户活跃其中,一个巨大的流量洼地已经形成并逐渐扩大,在平台多元化趋势下,品牌营销迎来发展契机。

第三篇　卖家篇

教学目标

知识目标
- 了解电商卖家的文案形式
- 了解文案对于电商卖家的重要性
- 了解店铺海报文案写作技巧
- 熟悉店铺海报文案创作的流程与方法
- 了解产品详情页文案写作技巧
- 熟悉产品详情页策划的流程与方法
- 了解电商活动策划的技巧
- 熟悉电商活动策划的要素与流程
- 掌握内容营销的原理
- 了解私域文案写作的技巧
- 了解公域文案写作的技巧

技能目标
- 能够创作店铺海报销售文案
- 能够创作店铺海报宣传文案
- 能够策划爆款产品详情页
- 能够撰写产品详情页文案
- 能够掌握线上活动策划的方法
- 能够利用H5制作活动宣传网页
- 能够撰写私域文案
- 能够撰写公域文案

素质目标
- 培养学生阅读和收集资料的能力
- 培养学生创新创意的能力
- 培养学生系统思考和独立思考的能力
- 培养学生团队协作能力
- 具备诚实守信的职业道德
- 具备尊重知识产权的意识
- 具备坚持不懈的办事精神

思维导图

扫码看视频

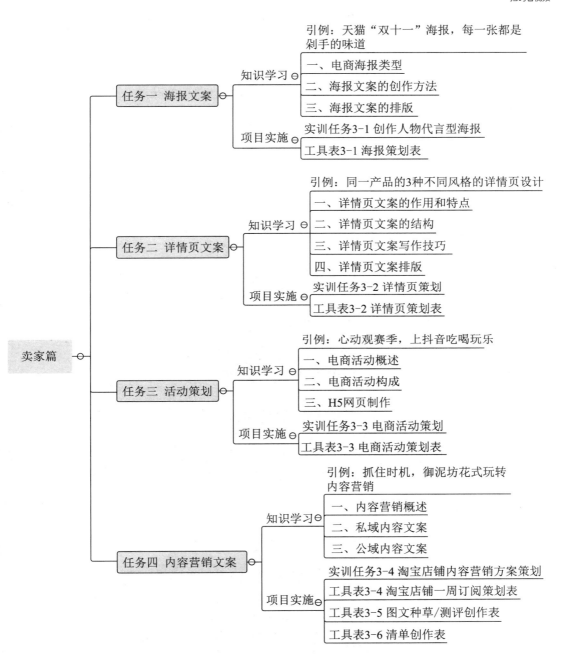

任务一　海报文案

扫码看视频

知识学习

引例

天猫"双十一"海报，每一张都是剁手的味道

一年一度的"双十一"又要来了！自2009年创办至今，天猫"双十一"全球狂欢节整整14年了。猫头海报一直是每年天猫"双十一"的第一波主打物料，已经成为大众心目中对于开启天猫"双十一"的一个特有印象。让我们一起来欣赏下这些年的"猫头"创意海报吧！

2019年，天猫"双十一"主题是"××助你愿望11实现"(见图3-1)这带有人文关怀的商业表达，以最大包容性将千万商家亿万消费者的复杂诉求融于一个节期，既激活内需，又让商业带有温情。

图3-1　2019年天猫&老干妈海报

2020年，天猫"双十一"的主题是"11起挺你，尽情××"(见图3-2)，同样用半命题的形式，让各大品牌参与进来，花式创意提前为"双十一"活动预热。

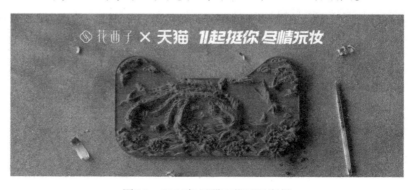

图3-2　2020年天猫&花西子海报

2021年,天猫"双十一"的主题是"美好生活,××与你共同向往"(见图3-3),品牌元素和天猫标志每一次结合都碰撞出不同设计美感的火花,让大家对"双十一"更加期待。

图3-3　2021年天猫&花西子海报

2022年,天猫"双十一"主题为:"生活,就该这么××!"(见图3-4),天猫联合各大品牌,诠释对生活的热爱。

图3-4　2022年天猫&国家图书馆海报

2023年,天猫延续"猫头"的设计灵感,在"双十一"主视觉"烟花"的形式之下,制作了一组具有"绽放"感的猫头海报(见图3-5)。更值得一提的是,AI用一个咒语,召唤具有品牌特点的烟花,以绽放的形式,钻进负形的猫头框中,让各大品牌"AI上头,惊喜绽放"。

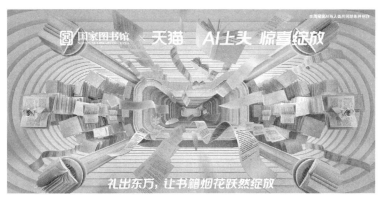

图3-5　2023年天猫&国家图书馆海报

【资料来源:作者根据相关资料整理】

【引例分析】半命题的联合海报,可以让各个品牌方都积极地参与进来。在有限的海报画面中,爆发无限的创意想象,同时也给消费者带来一场视觉盛宴。每一张海报都很好地体现了品牌独有的风格和特点,利用"双十一"这个电商节日得到了广泛的传播。对于活动的发起方天猫来说,通过这次海报活动,其获得了如此多品牌的背书,也能够充分扩大影响力,实现了"双赢"。

一、电商海报类型

海报是一种常见的宣传形式,语言简明扼要、形式新颖美观,常用于戏剧、电影、球赛、文艺演出等活动的宣传。对于电商而言,海报可以用来介绍网上销售的商品和品牌,向消费者展示宣传信息,使消费者产生购买的欲望。由此可见,电商海报是电商卖家常用的一种推广方式。

根据作用来分,电商海报一般可以分成产品介绍海报、店铺促销海报和品牌宣传海报三种。

(一) 产品介绍海报

产品介绍海报一般用于网店内部,常见于产品详情页首屏、店铺首页等页面,用以传递产品的核心卖点,通过文字和图片介绍产品的关键信息,吸引消费者继续了解该产品。图3-6为某品牌挂烫机产品介绍海报,展示在该品牌旗舰店的首页轮播海报位置。通过该海报,消费者可以第一时间了解产品的重要卖点,还可以点击进去继续了解产品。

图3-6 某品牌挂烫机产品介绍海报

(二) 店铺促销海报

店铺促销海报常用于介绍店铺的促销和活动信息,同时可以为活动海报做外部引流,常出现在电商平台站内展位、商家自媒体渠道。这类海报主要传递店铺近段时间的活动信息,通过活动进行推广和宣传,吸引新老消费者进入店铺了解详情。图3-7为某保温杯品牌的店铺促销海报,该海报展示在店铺首页,可以让消费者第一时间了解到春节期间该店铺的促销活动,从而刺激消费者购买产品。

图3-7 某保温杯品牌的店铺促销海报

(三) 品牌宣传海报

店铺品牌宣传海报常用于站内外推广,通过品牌文化和价值的传播,为店铺做引流。这类型的海报主要通过图文内容的设计展现品牌的格调和价值,通过文化、情感价值吸引消费者,让消费者产生印象,并引发共鸣。图3-8为某零食品牌的品牌宣传海报,该海报通过拟人的方式来讲述如何养育一只好鸡,从而展现该品牌对于原材料的严谨态度,让人对其品牌文化印象深刻,并且产生好感。

图3-8 某零食品牌的品牌宣传海报

二、海报文案的创作方法

海报的文案一般要求语言简洁,有可读性,还要结合用户、场景、品牌/产品三者突出展现需要传递的信息,抓人眼球。由于海报的特殊性,海报文案一般以标题式的一句话文案为主,有些还会添加一些副标题、附加内容等。接下来介绍三种常用的海报文案思考角度,并提供一些创作框架,帮助大家快速地创作出海报文案。

(一) 与用户有关

在文案创作前,文案人员要分析目标用户画像,企业产品是面向用户的,文案也是给他们看的。因此,在写文案时,文案人员要从用户的角度出发,写出让他们忍不住想买产品的内容。

1. 卖点+受益点

卖点就是产品的特点、优势,受益点就是这个卖点能给消费者带来的好处或者价值。例如,某品牌手机主打的卖点是前后摄像头都是2000万像素,而这个2000万像素带来的好处就是能够让用户拍照时图片更加清晰。那么,它的海报文案就可以提炼成"前后2000万,拍照更清晰"。这样的文案简洁明了,用户不用过多思考就可以知道这个产品好在哪里,可以给他带来什么好处。

再如,图3-9展示的是一个特殊的衣架,这个衣架最大的特点在于有两种使用方法,横起来可以挂衣服,竖起来也可以挂衣服,可以充分利用衣柜空间,挂更多的衣服。那么,用"卖点+受益点"的框架进行提炼,就可以很快创作出这个衣架的海报文案——"横竖两用,双倍放大你的衣柜空间"。

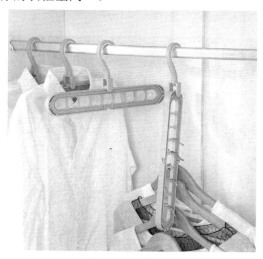

图3-9 两用衣架

2. 运用标签

标签化的人、物、行为会更加具有共性,从而触发用户的共鸣。人们会不自觉地关注和自身有着相同标签的事物,也喜欢按标签对号入座。那么,在海报文案上面,加上特定的标签,会更加引起目标人群的注意。这个标签主要有两种类型:一种是人群标签;另一种是行为标签。

(1) 人群标签。人群标签,指的是一个人的属性,如年龄、性别、籍贯、职业等。当用户看到海报上所描绘的人群与自身吻合时,他就难免忍不住多看一下,或者直接点击进去进行购买。图3-10展示的产品为一个大发量抓夹,这个抓夹最突出的特点就是大,可以夹住很多的头发。头发多的人才用到这个产品,我们文案上面就可以写上它的人群标签——"发量王者",吸引有相关标签的人关注。文案前半句有了,后半句加上受益点,就会更加直接地告诉用户,这个产品对他的好处是什么。那么最终文案就可以是"发量王者,也能狂甩不掉的抓夹"。

(2) 行为标签。行为标签,主要是指一些相同目的的行为,如上班、约会、逛街、去咖啡馆、运动健身等。如果推荐适合约会穿的衣服,文案就可以是:"去约会穿什么?选这些总没错!"行为标签就是约会这个行为,即将要去约会或者有约会需求的人群,就会点进来浏览。

图3-10 大发量抓夹

人群标签、行为标签更容易引起目标人群的注意。但是在文案创作时,还应该重点考虑标签与商品的相关性。例如,针对年轻人的高端办公用品,如果选用了老人、儿童这样的人群标签,对提高销量毫无帮助;但是,如果选用了职场人士、职场精英这样的人群标签,与产品紧密结合,营销效果自然会更好。

(二) 与痛点有关

大家有没有听到过这样的广告语?"胃痛、胃酸、胃胀,用×××胃药。""白内障看不清,×××滴眼睛。"这种类型的广告语好似有一种魔力,当人们听了上半句,自然而言就会脱口而出下半句。当用户真的遇到了广告语里面说的情景时,他就会想到这个产品,去购买这个产品。接下来一起来看看和痛点相关的海报文案创作框架。

1. 痛点场景+解决方案

创作文案时,先说出产品能够解决的痛点,通过这种方式引起消费者的关注,然后给出解决方案。例如,手办防尘盒(见图3-11)能够解决手办落灰、变脏的痛点。那么,根据"痛点场景+解决方案"的框架,首先可以把痛点场景描述出来:"你的娃娃还在吃灰吗?"紧接着给出解决这个痛点的方法:"用某某牌防尘盒,给他们一个干净的家。"这样,一条"痛点场景+解决方案"的海报文案就创作完成了。

图3-11 手办防尘盒

2. 低门槛数字+解决效果

"低门槛数字"是文案的前半句，就是用简单数字说明解决这个痛点的操作，而且这个数字是比较小的，代表做这件事情并不难，这样消费者才愿意去尝试；"解决效果"主要是指这个痛点解决之后，可以达到一个怎样美好的效果，从而鼓励大家尝试前半句文案所说的简单的事情。图3-12为某品牌每日坚果的海报。一包每日坚果里面有好几种坚果，可以补充人体所需营养和能量，解决人们饮食不均衡的痛点，而用户只需要做一件简单的事情——"每日一小包"，就可以解决这个痛点，呈现"健康随身带"的美好效果，这样的海报文案就创作出来了。

图3-12　某品牌每日坚果的海报

(三) 与价值有关

"价值"角度比较适合品牌宣传海报的文案创作，通过表达和传递品牌价值，让消费者认可品牌。这个角度也有两个创作框架：一是人物代言型海报，利用代言人来传递价值；二是运用金句，通过耳熟能详的句子来传递价值。

1. 人物代言

这个代言人不一定是明星，也可以是和我们企业相关的普通人，用具体的人物形象表达品牌的相关主题，把品牌的价值通过客户、员工、老板等人的表述传达出来。如图3-13所示，菜鸟驿站在"双十一"前夕发出的一组"拜托了，驿站"系列海报。海报选取了不同身份的驿站消费者，有半夜归家的程序员，有不喜欢出门的宅女，还有经常到处飞的空姐，等等，文案通过他们的语言，把驿站24小时寄存包裹、上门送件等价值传递出来。这样通过目标客户的形象来跟客户沟通，更容易打动人心，也更具说服力。

图3-13 "拜托了,驿站"系列海报

◉ **想一想**

除了用户可以做代言人,还有哪些普通人可以为企业代言呢?扫码阅读网易严选"三八女王节"活动并进行思考。

学一学

扫码看视频

2. 运用金句

我们通常把读起来顺口,又好记的句子称为金句。把这些金句用在海报里,不仅可以更好地传递品牌价值,还容易引起广泛传播。这种类型的文案需要创作者具有较深的文学功底,并运用比喻、夸张、排比等修辞手法,进行提炼。让我们一起来欣赏一下这些经典的文案吧!

> "千里之行,始于足下"——双星牌皮鞋
> "三千烦恼丝,健康新开始"——潘婷洗发水
> "不在乎天长地久,只在乎曾经拥有"——铁达时手表
> "大宝,天天见"——大宝
> "钻石恒久远,一颗永流传"——某钻戒品牌
> "今年过节不收礼,收礼只收脑白金"——脑白金

三、海报文案的排版

怎样增加文案的层次感是在排版时经常遇到的问题。如果让你用一大堆文案做一张海报,你怎样安排版面呢?如果没有处理好文案排版,文案信息就会主次关系混乱,没有条理,主标题不突出,文案缺乏层次感,信息传达效果不顺畅。在海报文案排版时,细节和分组很重要。

(一) 细节的重要性

1. 文字对齐

文字对齐这一项其实在排版中是经常被忽略的。版面通过一个准则或者一个参照物来对齐，会显得整齐有序，不会杂乱无章。常说的对齐方式就是左对齐、右对齐和居中对齐。

如图3-14所示，用红色画出了对齐线，我们发现，当把文字全部对齐排放时，整体的画面视觉清晰干净，版式规矩且有条理的。

2. 颜色对比

颜色自身具有辨识属性，不同的颜色有不同的展示效果，应用在文案排版中可以充分增加文案之间的对比效果。比如，相同字体、字号的文字在一个白色背景上，红色字会比灰色字更具有吸引力。所以在具体的文案排版中可以用颜色更好地拉开画面层次。

如图3-15所示，这个海报中使用了蓝、棕、黑三种颜色的字体，主标题和下面的图片使用的是同一色系的蓝色，在浅灰色画面背景中显得非常突出：一方面是因为主标题字体较大；另一方面是因为颜色区分明显，对比更强。左边文案使用的是棕色字体，展示比较重要的文案主办方以及展览时间，这与右边黑色字体形成鲜明对比，文案整体更有层次，信息传达效果更好。这就是通过颜色对比增加文案层次的妙用！

图3-14　文字对齐的海报　　　　　图3-15　海报颜色对比

3. 字体对比

在排版中，字体本身的对比也能增加文案的层次感。不同的字体具有不同的风格，以及笔画造型，当然也具有对比作用。比如一个毛笔字体和一个黑体的对比，一个黑体和一个宋体之间的对比等。通过这些字体本身的对比突出文案主标题，弱化其他展示文案信息，让文案整体更有层次，信息展示效果更好。有些设计师在一个画面中只使用一种字体，就可以把文案处理得很有层次(见图3-16)；有的用很多种字体，依然没有把画面设计好，就是因为没有学会字体的正确使用和对比。当然，任何一种对比都可以灵活地和其他方法搭配使用，对比只是辅助我们更好地达到画面效果，而不是决定画面效果。所以一定要灵活运用！

图3-16　相同字体海报

如图3-17所示，该海报中一共使用了三种字体，分别是毛笔字体、宋体和黑体。在这个画面中，毫无疑问是主标题更突出明显，一方面是因为它够大，另一方面是因为它是毛笔字体，更具有张力和艺术展示效果。文案字体的对比，增加了文案整体的层次感，浏览起来层次分明，阅读体验良好。

其实，每一张海报中的文案都不仅仅是一种对比的使用，多是很多种对比搭配在一起，但是我们依然要知道每种对比所带来的直观展示效果。

图3-17　海报不同字体对比

4. 大小对比

大和小永远是一种相互对比的状态，文案也是一样，在相同颜色、相同字体、相同粗细、相同虚实的情况下，哪个文案字号大，哪个就越突出、越明显。这种大小之间的对比可以更直观地增加文案的层次感。如图3-18所示，该海报中的文字有三种字号，可以很清楚地让大家区分该海报的主次结构。

图3-18　海报字号大小对比

如果文案的字号都是相似大小，画面就会显得一团糟，既缺乏层次感，又拉低阅读体验。当然，任何一种对比都可以灵活地和其他对比互相搭配使用，对比理论只是为了辅助我们实现更好的画面效果，而不是决定画面效果。所以一定要灵活运用。

5. 粗细对比

字体之间的粗细对比是文案排版中必不可少的一环。在文案排版中，两个相同大小、相同颜色的字，字体越粗，则对比越突出；字体越细，对比越弱化。通过粗细之间的对比可以很好地增加文案的层次感。

如图3-19所示，主标题加粗字，拉开画面层次，让本身很单调的文案效果立体起来。

图3-19　海报字体粗细对比

(二) 分组的重要性

分组，顾名思义是指将有关联的元素在物理位置上相互靠近，视觉上形成一个整体；而无关联的元素在物理位置上相互分开，视觉上呈现分割整体的效果。如图3-20所示，我们现实生活中常见的课桌摆放，分别用到了对齐和分组的原则。对齐体现在横向和纵向的位置关系，目的是体现整齐、统一；而分组体现在教室中的这条"过道"，它将原本密集的座位分布划分为两个区域，目的是增强教室整体的通透性、空间层次感，避免给人太过拥挤、密集的感受。

图3-20　教室座椅分组摆放

分组原则在文字排版中的实用性很高，分组即留白，留出来的是文案的"喘息空间"，是停顿点，如图3-21所示。

图3-21　海报文字分组排版

我们在运用分组原则时还应该注意以下几点。

(1) 分组即对信息的整合，除了物理关系，文案内容的划分也很重要，当文案与文案之间的关联很强时，可以将相关内容归为一组。

(2) 设计中的文字排版要始终有分组的概念，具体分几组要视情况而定，但是一般情况下，文字排版分组最少分为两组，目的是提升文案信息阅读的流畅性，避免造成压迫感；而最多不要超过四组，因为分组过多会给人一种松散的感受，没有整体感。

(3) 当文案信息太少且又要兼顾分组时，可以借助按钮、装饰元素、线条、形状等体现文字排版的层次和分组。

项目实施

实训演练

扫码看视频

实训任务3-1　创作人物代言型海报

1. 实训目标

通过本任务的训练,学生能够了解电商平台中所出现的海报文字,掌握海报文字创作的方法和技巧;培养学生为电商卖家或者平台设计海报的能力,进一步提高学生的职业审美素养。

2. 实训背景

"竹中生智旗舰店"是一家以销售竹制家居产品为主的天猫店铺,该店铺一直以温馨、简约的风格受到消费者的喜爱。为了扩大店铺品牌的网络知名度,更好地传递品牌价值,请同学们以自己为形象,设计一组人物代言型海报。

3. 相关资源

(1) 淘宝网。

(2) Photoshop或美图秀秀。

4. 实施步骤

(1) 以电商文案小组为单位,填写任务记录单(见表3-1),并完成下列操作内容。

表3-1　任务记录单

实训时间	
实训地点	
小组成员姓名	

(2) 学生以小组为单位,分析"竹中生智旗舰店"的目标人群画像、品牌调性和产品主要卖点。

(3) 确定小组成员在该企业中所扮演的角色,可以是员工、企业老板、用户、行业专家等。

(4) 根据各自的人物形象进行形象照片的拍摄,拍摄的照片必须露脸,半身照或全身照皆可。

(5) 根据人物身份和照片,设计海报,并配上相应的文案。

(6) 运用Photoshop或美图秀秀软件进行海报的制作,一个小组的几张海报必须是一个系列的,用一样的底色、文字风格和构图方式。

(7) 海报作品展示。

扫码看案例

5. 实训评价

实训评价内容、评价方式及对应的分值见表3-2。

表3-2 实训评价表

评价内容	分值	小组互评	教师评价
按照要求完成训练内容	20		
小组成员是否全部出镜	10		
海报风格统一，形成系列	20		
代言人角色选取合理，角色鲜明	20		
海报文案是否和人物身份相符合	10		
海报文案是否能体现企业或产品特点	10		
团队成员合作，配合默契，共同完成任务	10		
总分	100		

电商文案工具表

工具表3-1　海报策划表

目标人群画像	
品牌调性	
产品主要卖点	1. 2. 3.
海报设计要求	
图片拍摄要求/图片素材	
海报文案	
参考图片	

任务二　详情页文案

扫码看视频

知识学习

引例

同一产品的3种不同风格的详情页设计

某设计公司为名片产品的线上销售设计产品详情页。在调研了淘宝平台"名片"关键词下排名前十的产品之后，确定用3种轻量化的方式去呈现详情页的整体版面，用不同的颜色去展现产品的不同风格、气质。

第一套采用蓝色作为设计主调(见图3-22)，蓝色是一种非常平静的颜色，散发出冷静、稳定、宁静的气息，是一种吸引人的颜色。这套蓝色的产品详情页主要的目标人群是年轻的职场人士。

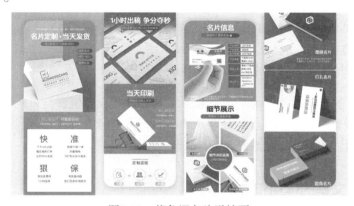

图3-22　蓝色调名片详情页

第二套产品详情页是以黑红为主色调(见图3-23)，黑色的底色呈现一种神秘有力量的氛围，与红色形成鲜明对比，让人们的注意力会自然而然地被红色名片所吸引。这套黑红色调的产品详情页主要的目标人群是较成熟的职场人士。

图3-23　黑红色调名片详情页

第三套产品详情页以灰色为主色调(见图3-24),设计中还添加了一些较为柔和的紫色和橙色,让画面更加丰富。这套灰色调的产品详情页主要的目标人群是年轻的职场女性。

图3-24　灰色调名片详情页

三套不同风格的产品详情页进行投放之后,蓝色版在一周后,产品的总销量成功进入前10名,客户最终也选择了蓝色调的产品详情页。

【资料来源:彩虹哟.同一产品的10个不同风格详情页设计案例】

【引例分析】产品详情页的好坏直接关系到线上产品的销量,而这个详情页的好坏不仅仅是指页面的设计、文案的质量,还要看产品针对的目标人群的喜好。找准目标人群,设计适合人群的页面,才能获得理想的效果。

一、详情页文案的作用和特点

产品详情页是指在淘宝、京东等电商平台,商家以文字、图片或视频等手段展示所销售的产品信息的页面。消费者在电商平台购物时,不能触摸到实际的产品,只能通过产品详情页来了解产品的各项信息,其中包括产品的性能、特点、产地、物流、服务等关键信息。因此,商家要好好地制作产品详情页,让其具有吸引力,这对消费者是否购买商家的产品至关重要。要策划好产品的详情页,文案创作者需要了解详情页基本内容,熟悉详情页文案的作用、特点和结构。

(一) 详情页文案的作用

产品详情页文案能够最大限度地展示和介绍产品的卖点,让消费者了解产品的各项信息,延长消费者在店铺的停留时间。产品详情页文案还可以间接地引导消费者做出实际的购买行为,提高产品甚至是店铺的转化率。同时,产品详情页也代表着店铺的形象,是很多用户对店铺的第一印象。接下来,我们就针对详情页文案的作用进行详细的介绍。

1. 介绍产品

产品详情页可以通过文案对产品信息进行描述,包括产品的品牌、材质、样式、价格等基本信息。除此之外，产品详情页还会对产品的适宜人群、产品细节、使用说明、售后服务等其他信息进行展示。消费者可以通过这些详细的产品信息描述，有效地了解产品。

2. 促进销售

想要用户购买，仅仅只是介绍产品是不够的，还要让用户知道，这个产品可以给他带来什么样的好处。因此，产品详情页还要向消费者展现产品的核心卖点和产品所能给消费者带来的利益点，从而引起消费者的关注，刺激他们的购买行为，提高产品的成交率。因此，文案人员要将产品最主要的核心卖点进行提炼，并通过图片、文字、视频等多种形式予以重点展示。

3. 树立形象

产品详情页作为线上用户在店铺内停留时间最久的页面，除了销售产品之外，也是用户对店铺的第一印象，因此它还承担着树立店铺形象的作用，对于提高消费者的信任度有着非常重要的作用。产品的详情页除了展示产品的信息之外，还可以展示店铺品牌的实力，同时详情页的设计风格也会让消费者联想到店铺的定位。

4. 引导购物

好的产品详情页往往能够让消费者自己在店铺找到符合自己需要的内容，进而产生自主购物的行为。另外，在产品详情页中还可以设置其他产品推荐或者促销活动等内容，激发消费者继续浏览的兴趣，延长他们在店铺的停留时间，引导他们产生其他购物行为。

(二) 详情页文案的特点

产品详情页通过视觉表现形式来向消费者传递产品信息，具有以下几个特点。

1. 图文并茂

一篇优秀的详情页文案，既要有必要的文字解说，也要有精美的图片，以此来吸引消费者的注意。图文并茂的详情页能为消费者带来良好的视觉体验。图文并茂并不仅仅是指有图有文，图片和文字是不能割裂开来的，图片和文字是相互配合的，通过文字去解说，通过图片去展现，文字要设计到图片中去，并进行美化，成为图片的一部分。

2. 场景化表现

为了增强内容的呈现效果，提高消费者对信息的感知能力，文案创作者需要为内容打造一定的场景，通过某些特定的场景来激发消费者的购物欲望，让消费者产生代入感，从而在其内心深处形成对产品的感知。

3. 多样形式表现

网上购物，用户对产品的了解相对来说比较扁平，不够立体，那么文案创作者就要思考，有没有什么角度或者方法，可以让消费者更好地感受到产品？例如，可以通过对比、实物参照等方法来增加产品信息的展示途径，提高页面内容的可读性，提升阅读体验。

二、详情页文案的结构

在进行详情页文案创作前，文案创作者应该先确定好详情页文案的基本框架，然后根据这个框架进行创作。在前面准备篇的学习中，我们了解到，虽然电商文案的最终目的都是销售，但是在不同阶段、不同场景下的目的也是有所不同的，我们可以将目的分为认知、情感和行动三个层次。详情页作为电商文案的一种特殊形式，它的篇幅比较长，也可以从认知、情感和行为三个层次来进行设计，让消费者在阅读详情页的过程中先了解产品，再对该产品产生信任，最后下单购买。

图3-25为一个基础的产品详情页结构框架，消费者可以通过焦点图、应用场景、产品信息三个模块先了解产品，对产品产生兴趣；再通过用户反馈、产品对比、品牌实力三个模块对产品产生情感，认为它是可靠的、专业的；最后通过服务承诺，打消最后的顾虑，采取行动，加购、收藏或者直接购买产品。

三、详情页文案写作技巧

我们将产品详情页的结构分为7个模块，从上到下依次是焦点图、应用场景、产品信息、用户反馈、产品对比、品牌实力和服务承诺。接下来，我们看看这7个模块应该怎么创作，有什么创作的技巧。

图3-25 产品详情页结构框架

(一) 焦点图

详情页的第一屏一般是一张产品的海报，这张海报就是焦点图。焦点图需要展示产品的核心卖点，通过这个核心卖点引发消费者对于这个产品的兴趣。这张图片的文案创作思路有两个：一是与用户有关；二是与痛点有关。如图3-26所示的焦点图，就是从以上两个思路出发创作出来的文案。

图3-26 焦点图

(二) 应用场景

应用场景,是指用户最可能使用该产品的场景。这个场景包括时间、空间、社交及用户情绪等多个方面。通过场景的塑造和展现,用户能够更加直观地了解产品的使用效果,激发用户对于产品的潜在需要。

1. 正向描述

应用场景的策划一般采用正向描述。如图3-27为某品牌整枝剪产品详情页中的应用场景模块,通过几张图片,告诉用户这款整枝剪可以修剪园林、采摘果蔬、修剪花木。看到这个产品的用户,如果在生活中有这些场景的需求,就会激发潜在需求,进而继续了解这个产品。

图3-27 某品牌整枝剪应用场景

2. 情感描述

正向描述的效果相对来说比较平,让人印象不深。要加深这个印象,我们可以尝试运用情感。人都是感情动物,带有情感的内容,总是更容易引起共鸣。图3-28为某品牌假发产品的详情页。该店铺的假发产品的目标人群多为中老年女性,那么带有母爱、亲情的场景就特别适合。"岁月带走了妈妈的黑发,头发已不是年轻时候的模样",当你看到这样的文案,会不会有一丝心酸?你会想:我的母亲不再年轻,长出了白发,我是不是可以给她买一顶假发,让她重回青春?通过情感场景的描述,唤起了用户对产品的潜在需求。

3. 反向描述

在应用场景里,有时也运用反向描述的方

图3-28 某品牌假发文案对应用场景的运用

法,去营造紧张害怕的氛围,从而吸引用户重视、关注这个产品。反向描述传达一种信息:如果没有这个产品,我们生活中会有哪些糟糕的情况。如图3-29所示,左边这张图描绘了长期用电脑的人都会有的一些痛点,头晕眼花、颈椎酸痛、视力下降,有相关痛点的人群就会继续关注什么产品可以解决这个痛点,就会继续浏览页面。右边这张图是某品牌婴儿定型枕的应用场景,它通过几个比较极端的图片,激发了妈妈人群的不安情绪,每位妈妈都不希望自己孩子的头型变得不好看,在这样的情绪促使下,妈妈们要买这个产品的需求就被激发了。

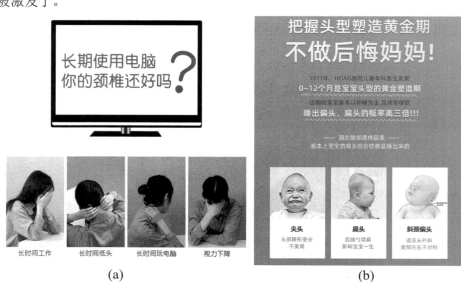

图3-29 反向描述应用场景

(三) 产品信息

产品信息模块的内容应该是详情页中篇幅最大的区域,通过这个模块我们要把用户想要知道的产品的所有信息介绍清楚,通过产品的整体图、细节图、模特图、使用图等让用户了解这个产品。但是在介绍产品的时候要有侧重点,不然什么都介绍,最后只能让人什么都记不住。在设计产品信息模块的时候,我们可以采用FAB法则、以客户为中心和信息集合的方法,以求有主次地呈现产品信息。

1. FAB法则

FAB法则,即属性(feature)、好处(advantage)、益处(benefit)的法则,按照这样的顺序层层递进地介绍产品,可以让消费者相信你的产品是最好的。属性,就是产品属性和表象特征,可以是商品外观、包装、形状、颜色、材质、原材料、材质、工艺、专利、制作过程等;好处,就是具有这个属性的商品的作用及功能;益处,就是产品这个作用能给客户带来的利益。举一个例子,图3-30所示为某品牌保温杯,该保温杯有三个属性,分别是316L不锈钢内胆、超轻旋薄内胆和480mL大

图3-30 某品牌保温杯

容量。我们试着用FAB法则来提炼它的产品信息文案，先选取一个属性316L不锈钢内胆。对于一般的消费者来说，这个316L不锈钢内胆具体是什么材质、有什么好处都不是很清楚。所以我们要围绕这个属性继续提炼，那就是食品级材质。那么，这个好处给消费者的益处是什么呢？那就是健康喝水无负担。最后，我们可以结合一个内胆的特写，配上文案"316L不锈钢内胆，食品级材质让您喝水更健康"来呈现这个属性，是不是就非常到位，让消费者一看就认同了这个属性。

◎ 想一想

试着用FAB法则给该保温杯"超轻旋薄内胆""480mL大容量"，这两个属性进行详情页设计和文案的提炼。

2. 以客户为中心

产品最终是要客户买单的，我们在进行产品信息设计的时候，不妨从客户的角度出发，试着挖掘他们的需求，然后针对他们的需求进行内容的设计和文案的提炼。如图3-31所示，这款男士衬衫的目标人群是"90后"职场男性，我们可以试着从他们的角度去思考。这些职场男性对于衬衫的需求是什么？可能是平时工作比较忙，打理衣服的时间比较少；也可能是对于衬衫的版型要求比较严格，要挺括不能显得邋遢……针对这些需求，文案就需要重点展示和提炼衬衫抗皱、挺括的卖点。

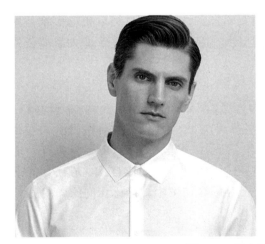
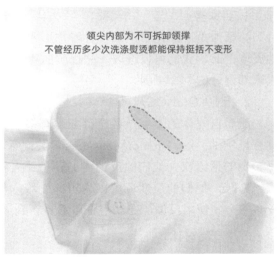

图3-31 男士衬衫产品介绍模块

3. 信息集合

有些产品的信息比较多，或者专业化程度比较高，在进行卖点呈现的时候比较困难，那么我们就可以将这些信息设计为一个集合，用数字、图标、表格的方法对这些信息进行统一的呈现，既一目了然，也方便用户理解。如图3-32所示，从左到右分别是用数字、图标、表格的方式来集中呈现产品信息。

图3-32　产品信息合集

(四) 用户反馈

通过以上三个模块，消费者对于这个产品的基本情况已经比较了解，接下来就是要实现情感认同，让消费者觉得这个产品是好的、专业的。有时候商家自己说得再多，都不如中立的第三方说一句。所以我们可以将用户的评价、反馈设计到产品详情页里，提高产品公信力，常用的方法有展示买家秀和行业KOL/KOC的反馈。

1. 买家秀

买家秀是产品评价中的一种特殊形式，也就是带图的评价。图片可以更加形象、真实地展现产品。我们可以选取一些优质的买家秀设计到产品详情页里面，营造大家都在买、大家都说好的购物氛围。

2. 行业KOL/KOC反馈

随着自媒体的发展，各个行业都有很多小有人气的KOL/KOC(key opinion leader，关键意见领袖；key opinion consumer，关键意见消费者)，这些意见领袖对自己所属行业都有一定的话语权，他们的反馈更加容易让人相信。而且，这些KOL/KOC自身就有一定的粉丝基础，他们的反馈还可以为店铺引流。我们可以收集一些行业KOL/KOC在其他平台发布的产品使用反馈，在获得许可后更新到这个产品的详情页中，优化我们的详情页。

(五) 产品对比

产品详情页经常会设计产品对比，以突出产品特点。随着平台规范的日益完善，各个平台都相继规定，在产品的详情页中不允许出现竞品的对比，要注意不能出现竞品的品牌名称。如果用竞品的图片，一定要进行模糊处理，否则容易构成不正当竞争。产品对比通常用以下几个方法。

1. 使用前后对比

在详情页中展示产品使用前后的对比，能够起到非常直观的展示作用，特别对于一些视觉型消费产品，如清洁剂、洗衣液、吸尘器等。购买视觉型消费产品的消费者大多会受到视觉感觉的影响，产品使用前后对比有很强的视觉冲击，从而促使他们迅速做出购买决定。某假发产品使用前后对比如图3-33所示。

2. 同类其他产品对比

如果要体现产品的更新换代，以及产品的新功能、新工艺，可以通过产品与同类产品的对比来凸显。如图3-34所示，以不同材质的两款衬衫之间的对比，来凸显免烫材质的优越性。

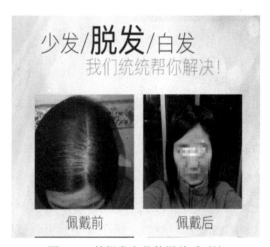

图3-33　某假发产品使用前后对比

图3-34　不同材质的两款衬衫对比

3. 替代产品对比

有一些产品并不一定是生活的必需品，因为它会有一些替代产品，而这些替代产品或许在日常生活中会更加常见，价格也更便宜。那么要想说服消费者更换掉原有的产品，就需要通过比对，来展现替代之后的好处。比如，牙刷和电动牙刷，一般人买个牙刷就可以了，那么商家想要说服消费者买电动牙刷，就可以通过两者的对比，来体现电动牙刷的好处。

(六) 品牌实力

品牌实力是获取消费者信任的非常重要的因素，我们可以尝试着从品牌故事、资质认证、合作背书、权威典籍、媒体报道等方面去挖掘内容，如图3-35所示。

图3-35 品牌实力展示内容

(七) 服务承诺

经过前面的铺垫,消费者对于销售的产品已经有一定程度的认知,对该产品也产生了信任,这时候只需要用服务承诺打消有购买意向的消费者的顾虑,稍微推动一下,就会使其产生行动,实现最终的销售目的。常用的服务承诺有物流、售后、活动等,如图3-36所示。

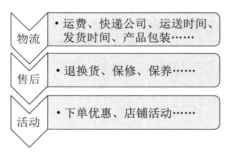

图3-36 服务承诺

四、详情页文案排版

好的详情页会带给用户更流畅的视觉体验、更直观的产品信息、更精彩的产品亮点,也有助于提升交易的达成率。正是因为如此,很多商家不惜重金请设计师为其打造爆款产品的详情页,由此可见详情页在电商文案设计中的重要程度。接下去,我们一起来看看,如何把详情页做得足够出彩,详情页做不好需要从哪些方面进行提升。

(一) 规范字号

排版的目的是帮助用户整理信息,提升阅读效率,所以我们需要给文字分组并划分层级关系。文字最重要的属性是可读性,且不管排版形式如何,首先要让用户看清、看懂,其次才能谈美观、协调、设计感。对于电商的产品详情页,用户使用场景多来自手机端,文字小了,会看不清;文字大了,又缺少精致感,所以主副标题文字的大小应该在什么范围才能兼顾可读性和设计美感,这些都需要衡量。

如图3-37所示,以6.5英寸屏幕手机为例,我们可以参考的字号范围为主标题50~80px、副标题26~36px,这样字号既可以让用户看得清楚,也可以突出重点展示的文字内容。

图3-37 详情页字号

(二) 排版结构

详情页的文字排版结构相对来说并不复杂,常见的对齐方式就三种,即左对齐、居中对齐、右对齐(见图3-38),这也是最基础的文字对齐方式。

图3-38 详情页排版结构

在实际工作中，我们一般还会用到线条、英文、图案等装饰元素，对整体排版进行丰富、美化、平衡、增加设计感。

(三) 重心排版

设计中的每个元素在视觉上都具有一定的"分量感"，所以当需要文字排版时，我们可以根据画面重心来选择排版形式，这也是工作中很常用的文字排版思路。

1. 居中对齐排版

居中对齐的排版重心更稳，构图相对平稳。如图3-39所示，不管产品如何摆放，居中对齐的排版重心都相对平稳。

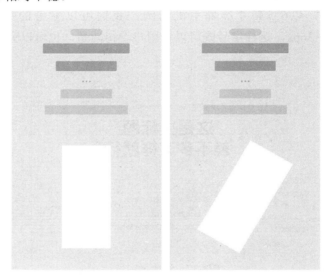

图3-39　居中对齐排版

图3-40为居中对齐排版的详情页焦点图，无论画面中产品怎么摆放，我们视觉的中心都在中间。

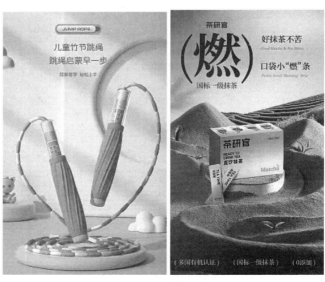

图3-40　居中对齐排版示例

2. 居左、居右对齐排版

一般情况下，当画面重心不平稳时，我们会考虑通过文字排版、装饰元素等来平衡，这时候就会用到居左、居右对齐排版。如图3-41所示，当画面重心偏向一侧时，根据情况选择居左或居右对齐排版就变得顺理成章。

图3-41　居左、居右对齐排版

图3-42分别是居左对齐和居右对齐的排版示例，文字和产品的左右排列，可以很好地平衡视觉重心。

图3-42　居左、居右对齐排版示例

在设计工作中，依据重心排版虽然很常用且好用，但如果都按照重心原则排版，那么形式上难免过于单一，而且也有些许局限性。比如一些案例，当画面中的产品主题已经居中或内容较为醒目时，我们可以不再采用重心原则，而是将文字居中排版。

(四) 平稳原则

电商详情页的使用场景更偏向手机端，而且现在都是以手机一屏的尺寸为单位划分模块的，所以图文大多数是上下结构。受这种结构影响，详情页排版相对而言并不复杂，不像首页、海报、平面类设计那样，需要太多的版式结构。

在详情页文字排版的过程中，画面重心并不是影响排版结构的唯一因素，排版结构还会受到画面结构、每一屏尺寸、文字可阅读性、整体布局等的影响。在图3-42中，虽然画面中两个产品的长短不同，但两个产品所占的直觉比重是差不多的，所以整体的视觉重心是相对平稳的。

相对平稳原则就是利用英文、线条、图标、数字等装饰元素或必要排版元素平衡画面，营造视觉上的相对平稳，如图3-43所示。从原则上来说，相对平稳原则适用于绝大部分详情页的文字排版工作。

视觉相对平稳是允许存在偏差的，并不像对称式构图那样绝对，其设计有很强的主观性。在实操中，我们也能看到一些竖向排版，或不规则的排版，但核心思想是共通的，就是视觉上的相对平稳。

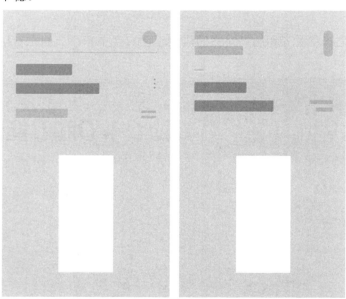

图3-43　平稳原则排版

案例：将图3-44这张场景图做详情页首图。

因为受到图片本身结构的影响，这张场景图即便重心相对平稳，文案也不适合居中的排版形式。我们可以按照以下步骤来设计文案的布局。

第一步，拓展图片画面。将场景画面拓展至符合详情页首图的尺寸，如图3-45所示。

图3-44　画面平衡场景图

图3-45　拓展后的图片

第二步，选定文案区域。根据画面场景特点、特性及综合考虑选定符合文案排版的大致范围，如图3-46所示，框选区域可作为文案排版的区域。

第三步，文案排版。确定字号、字形、间距、形式等，进行有逻辑性的排版设计，如图3-47所示。

第四步，局部细节调整。重新审视整体画面，进行局部调整，比如，调色元素、光影、文案等，如图3-48所示。

图3-46　选定文案范围

图3-47　文案排版

图3-48　局部细节调整

项目实施

实训演练

实训任务3-2　详情页策划

1. 实训目标

通过本任务的训练,学生能够了解电商平台中详情页文案的作用和特点,学习并掌握详情页策划方法和技巧,能够策划完整的产品详情页,用详情页内容传递正确的价值观。

2. 实训背景

"竹中生智旗舰店"计划打造一款新的爆款产品,但是该款产品现有的产品详情页(见图3-49)还存在很多问题。后台数据显示,该产品的转化率和详情页停留时长都低于市场平均水平。请为该产品策划新的详情页。

图3-49　某产品详情页

3. 相关资源

(1) 淘宝网。

(2) Photoshop。

4. 实施步骤

(1) 以电商文案小组为单位,填写任务记录单(见表3-3),并完成下列操作内容。

表3-3　任务记录单

实训时间	
实训地点	
小组成员姓名	

(2) 熟悉产品信息。

(3) 调研分析该款产品,分析该产品的人群画像,进行竞品分析,找出产品的核心卖点。

(4) 结合产品信息与所学知识,重构该产品详情页的结构,并优化详情页策划表(见工具表3-2)的纵向模块内容。

(5) 根据纵向模块内容,完成横向模块内容的创作。

(6) 汇总整份策划表的内容,并进行检查优化。

5. 实训评价

实训评价内容、评价方式及对应的分值见表3-4。

表3-4 实训评价表

评价内容	分值	小组互评	教师评价
按照要求完成训练内容	20		
人群画像分析准确、合理	15		
产品核心卖点准确、合理	15		
详情页结构合理	10		
详情页策划详细、完整	10		
详情页策划有亮点	20		
团队成员合作，配合默契，共同完成任务	10		
总分	100		

电商文案工具表

工具表3-2　详情页策划表

序号	模块说明	产品名称：功能企划	拍摄要求	设计要求(美工)	文案	参考图片
模块1	主图	主图5张				
模块2	视频	30秒之内				
模块3	关联	推荐产品/套餐/活动信息				
模块4	焦点图	与用户有关/与痛点有关				
模块5	应用场景	正向/情感/反向				
模块6 产品信息	场景图	产品在场景中的运用(以客户为中心)				
	细节图	FAB法则				
	信息图	用数字/用图标/用表格				
模块7	用户反馈	买家秀、KOL/KOC反馈				
模块8	产品对比	使用前后/同类其他产品对比/替代产品对比				
模块9	品牌实力	品牌故事/产品资质/权威机构				
模块10 服务承诺	物流	运费/快递/发货时间/运送时间/包装等				
	售后	退换货/保修/保养等				
	活动	下单优惠/店铺活动				

任务三　活动策划

扫码看视频

知识学习

引例

心动观赛季，上抖音吃喝玩乐

卡塔尔世界杯在一场欧洲与南美的强强对话中尘埃落定，潘帕斯雄鹰终于如愿捧杯。在近30天的赛程里，抖音的世界杯转播为上亿观众带来亲临现场般的视听享受。对于商家来说，这是借势拉动业绩增长的好时机。而作为连接用户需求和商家服务的桥梁，抖音生活服务也在这场全民级赛事中，发挥了自己的平台服务功能。

为了营造更加热烈的线上观赛氛围，抖音生活服务打造了"心动观赛季"与十大品牌的联合狂欢活动，海报如图3-50所示。秒变粉嫩的冰激凌、刺激好玩的水下宫殿、呆萌可爱的虎头牌匾等，联名海报的设计中，可以说"心动"已经无处不在，并很好地融入了"吃喝玩乐"的商家特色。再加上各种足球元素毫无违和感的完美融合，进一步渲染了商家和抖音生活服务一起为世界杯喝彩的"心动"氛围。

图3-50　上抖音吃喝玩乐海报

在世界杯期间，抖音生活服务还联合餐饮、酒店、文旅等行业的百大品牌推出"百大特色套餐"，通过超值补贴或福利等玩法，让用户解锁更多吃喝玩乐的心动福利。比如你想和兄弟一边线上看球一边撸串，就可以相约聚十三烤肉博物馆，畅享看球专属2~4人餐；想来一场养生式的观赛体验，到富侨养生连锁，感受足道+泰式按摩/精油开背90分钟+自助小吃饮料的刺激。

涵盖衣食住行等多种消费需求的商家阵容，覆盖全国上百个城市、上万家门店的辐射面，长隆、汉堡王、周黑鸭、必胜客、瑞幸咖啡等品牌纷纷加入，抖音生活服务的这场"心动观赛季"，正如提出的主题口号"上抖音吃喝玩乐，享万款心动套餐"一样，把"吃喝玩乐"和"心动"做到了极致，是一场属于广大用户的消费嘉年华。

【资料来源：作者根据相关资料整理】

【引例分析】全球的体育赛事，作为当下的社会热点话题，得到了全民关注。同时，也是电商平台、品牌商家借势做活动的契机。这场充分契合用户情绪的世界杯电商狂欢活动，不仅在赛场之外进一步拉满了热烈的世界杯氛围感，也为用户、品牌和平台沉淀下了多元价值。

一、电商活动概述

电商活动已经成为电子商务中必不可少的一部分，电商卖家每年都需要举办各类电商活动来推广自己的商品。电商文案岗位的工作人员也要掌握电商活动策划的方法和技巧，从而让活动更好地得到传播，取得理想效果。

(一) 电商活动的定义

电商活动，是指在某个时间段内进行的一次有目的的消费者增长或转化的促销活动。电商活动的本质是结合产品的内容，通过各种手段来提升网店消费者的数量和质量，并产生一定的经济效益。电商活动是有一定的时间限制的，每天都有的活动就没有特意推出的意义了，所以电商活动一定是有明确的开始时间和截止时间。

(二) 电商活动的作用

电商活动，可以提升商家品牌的知名度、吸引消费者的关注，同时也可以提升消费者的活跃度，鼓励他们进行消费。

1. 提升品牌知名度

通常情况下，在新品牌或者新产品推出前，商家需要提升用户对品牌的熟悉度；而对于一些已有一定知名度的品牌，商家可以采用活动营销的方式来常规性地刺激消费者进行购买。创作这类活动文案时，通常不需要考虑消费者的转化问题，在形式上可以采用直接的广告输出，但是需要在短时间内获得大量的曝光，使消费者了解并熟悉这个品牌或产品。

2. 吸引消费者关注

对于电商活动而言，活动本身就是通过短时间精心策划的营销事件，在较短时间内快速进行病毒式营销并吸引大量消费者的关注。例如，我们经常看到的一种引流活动，就是通过线上和线下的活动，将已有的消费者引到另一个新产品或新品牌中，使其成为新产品或品牌的新用户。

3. 提升消费者活跃度

电商活动还可以唤醒"沉睡"的消费者，提升其活跃度，从而刺激消费者继续购买产品。很多商家会建立会员制度，定时推出针对消费者的促销活动，以提升已经购买过该店铺产品的消费者的活跃度。

4. 鼓励消费者消费

策划电商活动的最终目的就是鼓励消费者购买产品，实现经济收益。通过活动的刺激，观望的消费者可能产生购买的冲动，在活动塑造的紧迫感下，完成购买行为。

二、电商活动构成

电商活动的策划一般要包含活动对象、活动主题、活动场景、活动方式和活动推广5个部分。接下去，我们就从这5个部分展开，看看如何策划一场电商活动。

(一) 活动对象

我们在做活动策划前要先分析此次活动将要面向的人群，就像我们在写文案前，要分析目标人群画像一样。只有找准了人群，才能找准"战场"，准确地发射我们的"子弹"。当然，对于不同的用户群体，我们所要策划的活动也是不同的。活动对象的确定关系到后续活动主题、场景、方式、推广的策划，所以这一步非常重要。除了分析人群常规的画像之外，我们还需要分析活动针对人群和企业的关系、分析用户的类型。比如，新用户和老用户感兴趣的活动是不一样的，我们营销的难度和方向也是不一样的。

我们可以用RFM模型将用户进行分类。"R"是指最近一次消费的时间(recency)，也就是上一次消费的时间间隔，该值越小客户价值越高，这是因为消费间隔越近的客户越有可能产生下次消费；"F"是指某段时间内消费频率次数(frequency)，体现了客户的购买频率，购买频次越高，越能体现用户的消费活跃程度，因此客户价值也就越高；"M"是指某段时间消费的总金额(monetary)，用户的消费金额越高，用户的消费能力越强，自然用户的价值也就越高。通过RFM模型的三个维度，可以将企业的客户分为8种不同类型，不同用户的维护重点也是不同的，如表3-5所示，因此我们活动策划的内容也是不同的。

表3-5　RFM划分用户类型及对应策略

R	F	M	客户类型	策略
高	高	高	重要价值客户	优质服务，重点保持
高	低	高	重要发展客户	着重提升频次，发展成重要价值客户
低	高	高	重要召回客户	加强客户联系，提醒客户消费
低	低	高	重要挽留客户	加大促销力度
高	高	低	一般价值客户	提升客单价
高	低	低	一般发展客户	提升新用户消费频次
低	高	低	一般召回客户	提醒消费
低	低	低	一般挽留客户	流失风险大，使用促销方式挽留

(二) 活动主题

活动要事出有因，给消费者一个参加活动的理由，让他们信服，他们才会有热情来参加。我们一般从节日热点、自我价值和外在价值三个方面去思考活动主题。

1. 节日热点

节日热点是较常用的活动主题，逢年过节就搞一搞促销活动，这是大家都习以为常的事情。社会热点更是自带话题，能够引起广泛关注，用这些作为主题来策划电商活动，都是比较常见的。如图3-51所示，网络情人节"520"期间，很多电商平台、电商企业都会发布和爱情相关的主题活动。

图3-51 各电商平台"520"主题活动

2. 自我价值

节日和热点话题不是每天都有的，如果平常的日子里面也想搞活动，可以找什么主题呢？我们可以从自身产品或者品牌的价值出发，创造一些主题活动。比如美白牙膏的店铺，就可以开展"14天牙齿美白打卡"这类的命题活动，调动消费者参与的积极性，同时通过互动让更多的人看到该品牌牙膏的美白效果，获得很好的宣传效果。

3. 外在价值

我们还可以从产品和品牌之外去挖掘活动主题，如产品开发、店铺服务等角度，都可以设计有意思的主题内容。如图3-52所示，菜鸟驿站和乐乐茶策划的以公益、客户关怀这些外在价值为中心的活动。

图3-52 外在价值主题活动

(三) 活动场景

活动场景关系到用户能否及时参加这次活动,同时富有场景化的内容,也是活动传播的很好方式。活动场景分为真实活动场景和虚拟活动场景两种。

真实活动场景是指真实的活动时间、活动地点。活动根据优惠力度的大小,设计不同的时间长度,一般力度越大的活动,它的活动时间就会越短。反之,则越长。同时,在活动介绍中,还要明确告诉消费者活动的参与方式,线上如何参加,线下参加的活动地址等。

我们还可以在活动开始前,策划一些活动场景用以宣传,去影响用户情绪,激发用户欲望。图3-53为以网络情人节"520"为主题的电商活动宣传海报。情人节是男女双方表达爱意的时候,往往会相互送点礼物。但是,很多男生很怕过节,就是不知道送什么礼物好,根据这样的痛点场景来策划活动,就很容易把人带入场景,产生共鸣,引导他们进行购物。

图3-53 "520"活动场景

(四) 活动方式

活动方式就是活动内容的展现,是整个活动策划的重头戏。活动方式的策划,既要有亮点,可以吸引活动对象的关注,还要能够实现既定的活动目的。我们针对不同的活动对象,需要采用不同的活动方式,实现拉新、促销、促活三种不同的活动目的。

1. 拉新活动方式

大家都知道,开发一个新客户的成本是比较高的,要让一个从来没有使用过这个产品人,首次尝试购买这个产品,他们愿意花的价格是很低的,因为他们对这个产品信任度往往不高。所以,针对新用户,我们活动策划的重点在于给他们一次体验的机会,可以采用免费体验、免费抽奖、新客专享超低价等方式来吸引他们尝试。某产品免费体验活动海报如图3-54所示。

图3-54 某产品免费体验活动海报

2. 促销活动方式

促销活动就是以提高销售额为主要目的的活动。促销活动针对的人群也比较广泛，毕竟大家会喜欢便宜的东西，通过红包、优惠券、满减、赠品等方式，让渡一部分的利润，吸引潜在用户进行下单。某平台的促销活动方式如图3-55所示。

图3-55　促销活动方式

3. 促活活动方式

促活类活动主要是针对店铺的老顾客进行设置的。老顾客是店铺宝贵的资源，引导老顾客参加活动比吸引新顾客的成本要低很多。让老顾客保持活跃度的重点是要让他感觉到被重视，因此，我们可以通过会员制度的建立，针对老顾客发放专属的优惠，让他们感受到被重视。针对"沉睡"的老顾客，我们要想办法提高他们和店铺的黏性，通过一些互动游戏、签到活动、分享奖励让他们多了解、关注店铺。某平台的促活活动方式如图3-56所示。

图3-56　促活活动方式

想一想

你参加过哪些有意思的电商活动?

(五) 活动推广

活动内容设计好了之后,我们要提前通过各个渠道把活动宣传出去,让更多的目标人群看到。这就涉及活动内容呈现形式,以及推广渠道的选择。一般活动推广常采用海报的形式,但是随着电子技术的发展,H5网页的形式越来越普及。活动推广渠道有内部渠道、外部渠道和付费渠道三类,如图3-57所示。

图3-57　活动推广渠道

三、H5网页制作

(一) 什么是H5

H5是指第5代HTML(hyper text markup language,插入超文本标记语言),也指用H5语言制作的一切数字产品。通俗地说,H5是一种创建网页的方式。它会让手机网页看上去更炫酷,功能也更丰富多彩。H5的多种形式如图3-58所示。

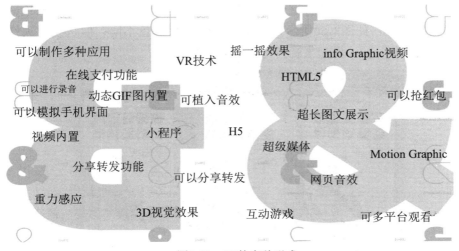

图3-58　H5的多种形式

H5可以模拟我们的手机界面,可以用它做一个抢红包的内容,可以用它做互动游戏,可以做3D的页面,可以做重力感应。H5的最大特征就是"超媒体"。

(二) H5的画面表现

H5的画面可以大致归纳为三个层面，分别是视觉气氛、形式感、参与感，如图3-59所示。它是我们设计画面前的一个构思和思考的部分，还具有一定的策划属性。

图3-59　H5画面设计的三个层面

1. 视觉气氛

视觉气氛可以引导我们理解你想表现的意图，每支H5设计的目的和内容气氛都不同，需要营造的视觉感受也不一样，不同气氛会牵连不同元素。整个设计需要统一在完整的调性内，是理性规划与艺术创作的结合。如果说，设计目的是促销，势必需要采用与促销相关的气氛元素，内容需要非常直接，需要凸显促销信息。在画面表现上，往往以暖色为主色。

H5是一连串的内容载体，需要对所有页面进行视觉统一。一些缺乏经验的设计师往往会把分屏的页面设计得形态各异，虽然单独看上去都还不错，但体验时则会造成内容混淆，情绪很难被牵引，想要表现的调性也会因页面与页面之间缺乏联系而难以延续。需要特别注意的是，页面背景要统一，这样做就好比为高层建筑打地基，在统一的色调和背景下，画面才易被记忆。如图3-60所示，该H5的页面虽然颜色不同，但是三种颜色版面设计、画面风格都是统一的，看起来就会更加连贯、舒服。

图3-60　视觉统一的H5画面

同时，除非特殊需求，色彩的使用不建议过多，并应该遵守成套原则。H5的画面内经常会涉及图标、文字和元素，它们之间的特征应统一。通常我们会提前设计好所有静帧画面，并统一色调、元素和文字，即使页面数量并不多，但它仍然是一个小的视觉系统。

2. 形式感

能否打动用户是H5页面受不受欢迎的重要参考标准。H5页面是快传播的移动网页，只要形式上的创意能够打动用户，即使细节不够出彩，也可以说是成功的。比如说，为表现个人传记，我们会想到书本，通过书本，我们会联想到纸张和书写，书写的方式又有笔墨、打字机、电脑键盘等，而选用一台打字机作为视觉气氛的表现来设计整支H5，也是对体验和表现形式的综合考量。图3-61为《1步1步看清韩寒》的H5网页截图，通过打字机的设计，让明星的传记内容变得鲜活有趣，并且与营销主题相互呼应。

3. 参与感

H5设计的爆点——参与感不同于形式感，用户可以通过H5定制带有自身特征的内容并能够参与内容的创作与传播。这类H5内容比较容易受欢迎，并且极为容易创造出非常夸张的刷屏级效果，但创作难度很大，需要创作者对H5有着深入的理解和研究。未来移动端优秀的H5案例会越来越多地牵扯到用户的真实参与。

图3-61 《1步1步看清韩寒》的H5网页截图

参与感的形成往往需要借助前端开发和高级H5制作工具才能够顺利完成。你会发现，更好的参与感的创造，实际上是让用户来参与创作，让用户分享出去的每个H5都不相同。虽然这类作品有一定的制作门槛，但这类形式必然是未来营销类H5设计的方向。目前来说，我们很难见到形式感与参与感并存的H5优秀作品。所以在这个领域，仍然有非常大的发挥空间。

(三) H5的制作

市面上有很多H5网页的在线制作软件，这些软件可以提供各式各样的模板，一键生成H5网页，为创作者提供了很大的便利。常见的网站有稿定设计、猪八戒、易企秀等。

以稿定设计为例，首页导航栏中就可以看到H5网页模板的分类(见图3-62)，单击进入该分类，平台给我们提供了长页、翻页两种类型的H5网页模板。我们可以根据行业类目、网页用途等进行模板的筛选，选择合适的模板进行制作，其中也有专门适合电商活动的H5网页模板。

图3-62 稿定设计首页

选定模板之后，可以单击进入模板的编辑界面。图3-63为某款H5活动模板的编辑界面。用户可以在界面左边选择需要编辑的页面，每个页面内素材都可以进行替换、设计，插入自己的图片和文案，单击发布就可以完成H5网页的制作。

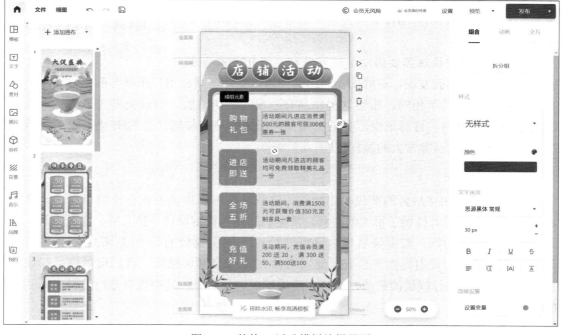

图3-63 某款H5活动模板编辑界面

项目实施

实训演练

实训任务3-3　电商活动策划

1. 实训目标

通过本任务的训练,学生能够了解电商活动的类型,理解电商活动策划的作用,学习并掌握电商活动策划的组成要素,能够结合具体项目策划电商活动。

2. 实训背景

夏季是"竹中生智旗舰店"的销售淡季,店铺计划策划一场针对老顾客的回馈活动,冲一冲淡季的销量,请大家结合所学知识,为该店铺进行电商活动策划。

3. 相关资源

(1) 淘宝网。

(2) 稿定设计、图怪兽等H5在线制作平台。

4. 实施步骤

(1) 以电商文案小组为单位,填写任务记录单(见表3-6),并完成下列操作内容。

表3-6　任务记录单

实训时间	
实训地点	
小组成员姓名	

(2) 熟悉"竹中生智旗舰店"产品和店铺信息,结合店铺后台数据,分析店铺消费者特征,明确本次活动的对象。

(3) 结合近期节日热点,或者自我和外在价值,确定本次活动的主题,并设计活动场景。

(4) 根据电商活动策划的要素,完成本次活动策划。策划内容需要包含活动对象、活动时间、活动场景、活动方式、活动推广,完成电商活动策划表。

(5) 整理活动信息,在线制作该活动的H5网页用于活动宣传。

(6) 汇报并分享各个小组的活动页面。

5. 实训评价

实训评价内容、评价方式及对应的分值见表3-7。

表3-7 实训评价表

评价内容	分值	小组互评	教师评价
按照要求完成训练内容	20		
活动对象准确、合理	10		
活动主题合理	10		
活动场景合理、有创意	10		
活动方式符合活动对象的特点	10		
活动方式完整，且可实施	10		
活动推广平台合理	10		
活动海报设计完整、有新意	10		
团队成员合作，配合默契，共同完成任务	10		
总分	100		

电商文案工具表

工具表3-3 电商活动策划表

活动主题	活动名称			
	宣传标语			
	活动目的			
活动对象				
活动场景	活动时间			
	活动地点			
	虚拟场景			
活动方式	活动形式			
	活动内容			
	活动奖励			
	活动流程			
活动推广	推广形式			
	推广平台			
风险预案	可能风险			
	解决方法			
活动复盘				

任务四　内容营销文案

扫码看视频

知识学习

引例

抓住时机，御泥坊花式玩转内容营销

如今淘宝早已不是传统意义上的购物网站，更是一个文化输出平台。打开手机淘宝，淘宝直播、视频、关注、推荐等丰富的图文视频内容，早已让淘宝成为一个完善的大内容生态系统。图3-64为手机淘宝首页界面。

御泥坊总裁方骅在"330闪闪靓内容生态盛典"上表示，在过去的一年里，御泥坊在品牌传播上投入很大精力，希望消费者能认识全新的御泥坊和看到国货力量。在淘宝全力建设内容生态的大趋势下，御泥坊顺应大潮，抓住时机，用创意玩转内容营销，与用户进行深度互动，在手机淘宝上做了全方位的内容建设。图3-65为御泥坊在手机淘宝上的相关内容展示。

一方面，御泥坊淘宝直播合作了近700位主播，共直播2000多场，全年曝光次数破亿，通过直播这个强互动的内容渠道，让用户直观地看到御泥坊全新的产品包装设计，并快速了解品牌；另一方面，御泥坊在图文短视频板块进行了重点投入，通过长期对用户种草长草，不断向粉丝传递专业的、高品质的内容，帮助用户解决问题，获得认同，让品牌在消费者心中进行完整全面的传播。

图3-64　手机淘宝首页

图3-65　手机淘宝御泥坊相关内容

凭借在内容营销上的不懈努力，御泥坊收获了丰厚的回报。从直观上看，品牌的粉丝数量不断增长，且内容营销变现效应明显，目前御泥坊天猫旗舰店粉丝关注数突破1066万，官方直播间单场观看人次突破20万。从间接上看，大大提升了用户对品牌的认可度以及忠诚度。

【资料来源：御泥坊.淘宝内容生态盛典.御泥坊引领国货美妆"内容营销"新风尚】

【引例分析】过去电商平台是货架式陈列，顺应的是"搜索"为主的消费方式，而眼下，淘宝无处不在的图文、短视频、直播，鼓励的是一种"发现式"购物。对商家而言，以兴趣发现种草为核心的"淘宝逛逛"和以带货营销为核心的"淘宝短视频"，都能与淘系的不同场域(如店铺直播、店铺商品、买家秀等)组合连接，产生新的化学反应。

一、内容营销概述

电商行业面临着一个残酷的现实——获取流量的成本与日俱增。随着流量红利的消失，商家通过购买竞价排名，以及"秒杀、优惠券、满减、折扣"等方式获取用户购买的成本越来越高。这种传统的流量模式给电商运营带来了巨大的成本压力。同时，消费者开始更为关注互联网兴起的各种有趣有料的内容，并更愿意听从这些内容提供者的建议进行消费。以内容引导消费，一种新的消费生态正在形成。

内容营销，指的是以图片、文字、动画等介质传达有关企业的相关内容，通过合理的内容创建、发布及传播有价值的信息，从而实现网络营销的目的。

(一) 内容流量分布

传统电商平台主动进行内容化调整之后，平台的流量分布发生了很大的变化，增加了许多内容形式的模块。接下来，我们以淘宝和京东为例，来了解电商平台的内容流量分布。

1. 淘宝的内容布局

手机淘宝内容布局主要有五大板块，即"首页化模块""订阅""逛逛""消息"和"我的"，如图3-66所示。

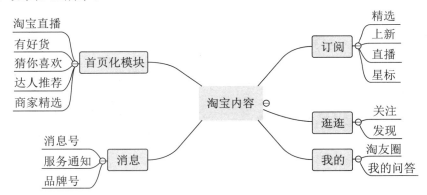

图3-66 淘宝内容布局

除了以上这些主要板块之外，淘宝内容还渗透到淘宝用户活动的各个页面，根据用户标签，进行定向投放。例如购物车下拉页面、物流详情下拉页面等。

2. 京东的内容布局

京东与淘宝类似，在其首页开设了多个内容渠道，以优质的内容吸引消费者，刺激他们产生购买欲望。京东手机客户端的内容布局主要有"首页化模块""发现"和"我的"三大模块，如图3-67所示。京东内容布局的重点是进行直播、图文、短视频间联动，探索内容整合营销新模式，挖掘"内容场"价值。

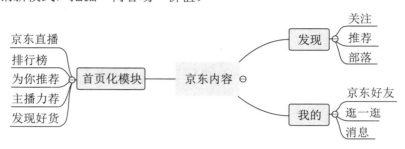

图3-67　京东内容布局

◎ **想一想**

我们日常使用手机淘宝、京东等购物软件时的购物路径是怎么样的？你喜欢浏览哪些栏目？

(二) 内容营销作用

随着电商平台内容流量的逐渐扩大，内容板块的分工越来越细，内容营销对于商家的作用主要体现在两个方面：对外引进流量，对内管理粉丝。

1. 引进流量

在平台的移动端口上，内容投放的渠道越来越多。这也意味着，商家进行内容营销，将有机会在内容的公域板块中进行呈现，为店铺引进更多的流量。并且，内容的投放是根据千人千面的算法进行定向投放的，也就是只有相同标签的目标人群才可以看到相对应的内容。通过内容引流(见图3-68)，商家引进的流量将更精准、质量更高。

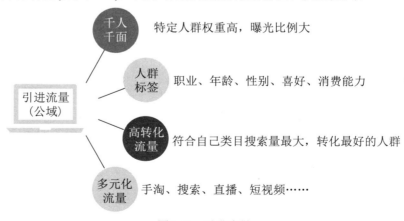

图3-68　引进流量

2. 管理粉丝

对于关注店铺的粉丝来说，他们可以优先看到店铺发布的内容。通过内容营销，商家可以进行私人领域的管理(见图3-69)，做好粉丝的管理和维护。粉丝是对店铺忠诚度较高的一群顾客，通过内容营销进行粉丝互动，可以更好地提高粉丝的积极性，刺激他们进行转化和复购。与此同时，粉丝的带动也会强化商品的绩效和标签，使其排名上升，被更多的潜在用户看到，促进产品的后续销量。

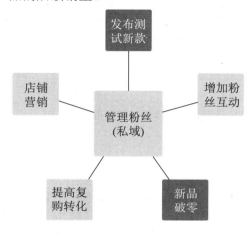

图3-69　管理粉丝

二、私域内容文案

私域，是指品牌或商家所拥有可重复、低成本甚至免费触达用户的场域。在移动互联时代，商家可以通过从公域(internet)、它域(平台、媒体渠道、合作伙伴等)引流到自己私域(官网、网店等)，以及私域本身产生的流量(访客)，这就形成了"私域流量"。卖家一般可以通过商家自媒体渠道、客户粉丝群、客服等方式进行私域流量的管理。现在的电商平台经过多次转型之后，也为商家开辟了内容营销的站内自媒体渠道，以实现粉丝的二次触达与转化。接下来，我们就以淘宝为例，看看商家应该如何撰写私域内容文案。

在手机淘宝用户的账号内，右滑进入订阅板块，获取关注店铺的最新内容，如图3-70所示。订阅板块分为常访问区和信息流分发区两个部分。常访问区会出现用户经常访问的店铺图标，点击图标可以直接跳转到店铺页面；信息流分发区会根据关系亲密度、内容发布时间和内容质量三项指标，排序分发商家发布的订阅内容，引导用户进店。

图3-70　手机淘宝订阅板块页面

卖家通过千牛卖家中心—内容运营中心—发订阅，进入订阅内容创作的页面。发布的内容工具主要有多品上新、买家秀、图文搭配、图文测评、清单5种，如图3-71所示。

图3-71　卖家订阅发布内容工具

(一) 多品上新

"上新"为商家在订阅最主流的核心供给，也是消费者在订阅里最爱看的内容。商家上架新品后，可以通过"上新"发布，在订阅里第一时间触达粉丝会员，实现新品流量冷启动。订阅上新可以是自动上新，也可以主动上新，主动上新将获得更多流量加持。图3-72为订阅界面多品上新内容展示。

图3-72　订阅多品上新内容示例

1. 发布要求

商家单击多品上新立即创作界面进行上新内容的创作，如图3-73所示。创作部分包括144个字以内的上新文案和3~9个上新宝贝。其中，上新文案建议输入50字左右，因为50字的文案在买家侧展示效果最佳。上新的宝贝必须是最近30天内已经上架并开售的新品。

图3-73　多品上新设置界面

2. 文案要求

多品上新时，文案要简短，描述新品信息、福利信息，重点保障图片美观，模特场景可以直接使用，如遇棚拍、白底图可以适当设计优化。针对棚拍、白地图的首图可以从两方面进行美化：一是运用分镜头、平铺，添加一些适当的装饰元素；二是做一些简单的背景设计，丰富视觉样式，根据品牌自身定位设定风格，可简约也可多元化，如图3-74所示。

图3-74　设计后的棚拍图片

(二)买家秀

买家秀是商家将优质买家秀进行二次推广的一种内容形式。发布买家秀内容,可以让粉丝获取第三方视角的商品展示,帮助粉丝获取更多购买决策所需信息,更全面地了解商品。图3-75为订阅界面买家秀内容展示。

图3-75 订阅买家秀内容示例

卖家可以通过发订阅,从"买家秀立即创作"进入买家秀发布界面,查看商品的买家秀内容量、商品详情页买家秀模块前台透出状态,单击"查看宝贝买家秀",对买家内容进行加精、置顶、投稿到订阅的操作,如图3-76所示。

图3-76 买家秀设置界面

(三) 图文搭配

图文搭配是一种高效导购内容类型，通过短图文真实分享商品搭配方案，帮助粉丝建立货品认知。图文搭配适合服饰、家装品类商家使用，仅符合服饰、家装品类卖家可在后台使用。图3-77为订阅图文搭配内容展示。

1. 发布要求

商家可以单击"图文搭配立即创作"，进入图文搭配内容的创作界面。在该创作界面，商家需要上传2~9张商品搭配图，并在图片上面设置好标签和跳转产品链接，同时对于该组搭配进行144字以内的文字描述，如图3-78所示。

2. 文案要求

1) 图片要求

图片尺寸支持3∶4(大于750px×1000px)或者1∶1(大于750px×750px)，小于3MB，支持JPG或PNG格式。一条搭配内容，只支持一种图片尺寸，即单条内容中不能同时出现3∶4及1∶1两种尺寸。

2) 标签要求

图片上传后，要增加至少1个标签，每个标签要挂靠1个宝贝。每条搭配内容最少要添加1个标签；每张图最多可添加0~3个标签。标签的设置必须准确无误、规整美观，且还要易于阅读。

图3-77 订阅图文搭配内容示例

图3-78 图文搭配设置界面

标签需要有分类表达，有强调货品颜色、款式、材质等的标签，如"杏色碎花上衣""盐系牛仔背带裤""醋酸面料西装"；有强调货品风格的标签，如"假日南法风""韩式休闲风"；有强调品牌的表达标签，如"阿玛尼214""浪琴1832系列"；有强调联名、系列等背书表达的标签，如"哈利波特联名"等，如图3-79所示。

图3-79　图文搭配标签示例

3) 描述要求

图文搭配的文字描述要真实，趣味性地介绍搭配法则，而非冷冰冰的说明性营销文字。创作者以第一人称，结合账号设置的人物特点，客观、亲切地为用户进行搭配分享。图文搭配的描述内容有以下几个参考的角度。

(1) 从单品搭配角度，将店铺主打或有特色的一款宝贝，以实拍图片，给买家真实体验。

(2) 从多品组合搭配角度。这种描述适用于对具体场景有针对性作用的不同商品。利用订阅将有共同特点的商品进行组合搭配，可以让粉丝在短时间内看到同类宝贝，增强他们的购买欲望。

(3) 从一衣多穿/一物多用角度，将一件衣服或者某个产品带入不同的场景里面，用来展示该产品的多用性、百搭性，通过多场景展示，加强粉丝的购买欲望。

(四) 图文测评

图文评测是一种高效导购内容类型，通过短图文真实分享商品评测报告，帮助粉丝建立货品认知。图文评测适合大快消①、消费电子品类商家使用，仅符合该品类卖家可在后台使用。图3-80为订阅中图文测评的内容展示。

图3-80　订阅图文测评内容示例

---

① 大快消是指快速消费品 Fast Moving Consumer Goods(缩写 FMCG)，是指消费频率高、使用时限短、拥有广泛的消费群体、对于消费的便利性要求很高的商品。快速消费品的种类多而复杂，主要包括个人护理、家庭护理、食品饮料和烟酒四类。

1. 发布要求

商家可以单击"图文测评立即创作",进入图文测评内容的创作界面。在该创作界面,商家需要上传2~9张商品测评图,并在图片上面设置好标签和跳转产品链接,同时对于该组测评加以144字以内的文字描述,如图3-81所示。

图3-81　图文测评创作界面

2. 文案要求

文案的图片、标签要求与图文搭配的相同,此处不再赘述。

图文测评的描述要能够体现出该垂直行业的专业性,真实体现出使用感受。描述产品特点及真实使用感要细致,切忌泛泛而谈。例如想要介绍某款电子产品显示功能好,不能只是说"屏幕清晰",而是要更加详细地描述"这个屏幕清晰得演员脸上的毛孔都能看清"。测评的维度选择也是非常重要的,要从用户的角度出发,输出他们想要了解的这个产品的某些方面。例如美妆产品,用户比较感兴趣的是产品的质地特点、成分分析、使用技巧、适合肤质等,那么在测评的时候就可以着重从这几个方面来介绍。测评的选题方向有单品测评、多品测评、开箱体验、试用试玩等几种。

(五) 清单

清单是商家发布同类主题的宝贝集合,可以让粉丝更集中地获取商品相关信息以及促销折扣相关信息,提升关联货品推荐效率。卖家可以创作各种主题的产品合集,例如新品清单、划算清单、"双十一"就要买、店铺TOP10热销宝贝等主题形式。图3-82为订阅清单内容展示。

图3-82 订阅清单内容示例

1. 发布要求

商家可以单击"清单立即创作",进入清单内容的创作界面,如图3-83所示。在该界面,商家需要用144字以内描述该组产品合集的共同特点,并且添加店铺内同一主题的3~9个产品到该清单中。

图3-83 清单创作界面

2. 文案要求

1) 清单文案

清单的描述可以从本人视角出发，即用第一人称进行创作，这样会给人更加亲切的感觉。描述清单主题需要结合清单内的产品，从该组产品的共同特性进行分析，可以是该组产品的同一属性、相同特点，也可以是使用该组产品的相同的目标人群，还可以是该组产品所在的某一个共同场景。

例如，以活动促销为主题，通过清单来推出活动产品合集。图3-84为"6·18"促销主题的清单，卖家通过该清单内容，将活动产品通过合集的方式进行呈现，吸引感兴趣的用户在清单内挑选产品。

图3-84 促销主题清单示例

图3-85为同一特性的产品清单。在该组清单中，卖家选取了店铺的半裙做了合集，通过半裙与衬衫的搭配给用户构建美好场景，又通过半裙可以解决女生腿粗的痛点，激发用户对半裙的兴趣，并将店铺内的半裙推给用户进行挑选。

2) 清单宝贝

清单里的产品需要与内容主题一致。如果清单的主题是"店铺TOP10热销"，那么要添加店铺销量前10的产品。产品的主图需要干净清晰、无"牛皮癣"，最好是场景实拍图。图片最好是统一背景、统一风格或者统一模板，这样视觉效果更好，可以提高点击率和粉丝进店。

图3-85 半裙主题清单

三、公域内容文案

公域,即是公共领域。公域流量,也称为平台流量,它不属于单一个体,而是被集体所共有的流量,是商家通过淘宝、京东、拼多多等电商平台所获取的流量。商家通过内容营销,优质的内容可以获得平台站内展示的机会,从而获得公域流量。因此,内容营销是商家获取站内流量的一个重要工具。

什么样的内容容易获得站内展示的机会?发布的内容除了要符合平台规则(扫码查看)之外,还有以下技巧。

(一)有导购性

电商平台的本质是销售产品,建立内容生态的目的是建立以消费分享为核心的社区,更好地引导消费者消费。因此,平台喜欢的内容一定是具有导购性的,围绕产品的特点进行图文信息的种草,在对应的地方加上相关产品的链接,让用户在阅读内容的时候,随时可以进入产品的购买页面。图3-86所示的内容虽然热度高,但不具有导购性,公域是不会展示的。

图3-86　不具有导购性的内容

(二) 符合人设定位

平台更喜欢具有人格化的内容。就像日常交往一样，我们总是喜欢和一个有特色的人沟通，而不喜欢说话冷冰冰的人。所以，在进行内容创作之前，文案人员可以对自己进行一个人物的设定，比如店铺员工、模特、老板等。例如，佰丝堂卡璐专卖店发布内容时就把自己设定成一个企业员工，一个"90后"的小哥哥，以年轻异性的眼光，向30~60岁的妈妈推荐假发。如图3-87所示的这篇内容，就是以一个晚辈的口气，向妈妈辈的女性推荐适合她们的假发。

扫码看案例

图3-87　选择微卷的短发，送给妈妈的首选

文字风格也要尽量符合这个人物设定，用第一人称来写，分享自己对产品的真实体验，语气要中肯、客观，不能有太明显的倾向色彩。公域抓取的内容是要投放到淘宝各个

板块，面向各种有同一种产品需求的人，"王婆卖瓜"式的内容会让很多新用户反感。

(三) 内容有可读性

内容的可读性体现在两个方面：一是文字内容要有可读性；二是图片内容要有可读性。

1. 可读性的文字

具有可读性的文字是要能够围绕某一个场景，凸显所种草产品的特点。要让用户在短暂的阅读中，被你推荐的东西所吸引，能够想象出这个产品带来的好处。手机上的用户在看内容时，一般都是"刷"，不会看得特别仔细，因此，一篇推荐内容的字数不要过多，不用把字数都写满，差不多50个字。每一篇的内容不用面面俱到，抓住一个点来写即可。

以佰丝堂卡璐专卖店为例，假发的功能其实很多，搭配造型、遮白发等，如果在一篇内容里面把它所有的功能都介绍一遍，那么这篇文章会没有重点，读者看了也记不住。而图3-88所示的这篇种草文案，抓住秃发的痛点，提出解决方案，这样的内容除了让读者对产品特点一目了然，也有利于公域将它推送给特定的人群，从而获得高质量的流量。

学一学

扫码看案例

图3-88 缺发、斑秃福音来了

要提升文字的可读性，除了在内容方面要达到以上要求之外，在排版方面也要注意。现在的手机用户都是在"刷"内容，大段的文字一定不是他们愿意去看的。所以我们在种草内容写好之后，还要对文字排版进行整理，让读者在手机上看的时候能有更好的视觉效果，更愿意看下去。同时，还要注意关键词的排版，在文章的标题、开头和结尾都要反复强调你所要突出的关键词，让文章的重点更加突出。图3-89的这篇种草文案，以"日式波波头"为关键词，一句一段，让用户读起来更舒服。

图3-90 所示的这篇种草文案，围绕春季穿搭这个场景，推荐了5种造型，采用总分的文字结构，同时加了一些表情符号，使得整篇文字不那么单调。

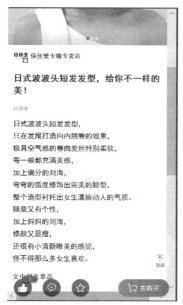
图3-89　日式波波头短发发型，
给你不一样的美！

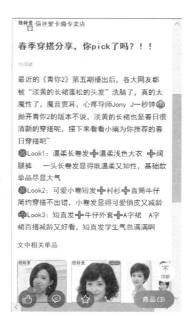
图3-90　春季穿搭分享，
你pick了吗？

2. 可读性的图片

种草内容中的图片除了要求清晰、像素高、真人实拍外，也要根据内容在手机淘宝展现的形式以及用户阅读习惯进行优化。用户在手机淘宝中看到的微淘图片是三张一排展示的，因此我们在创作后台添加产品和图片的时候，就要考虑用户视觉的舒适度，添加3的倍数，一般为6张图片或9张图片，图片的风格最好也要统一，避免看上去很杂乱。也可以设置一定的图片模板，让视觉效果更好一些，如图3-91、图3-92所示。

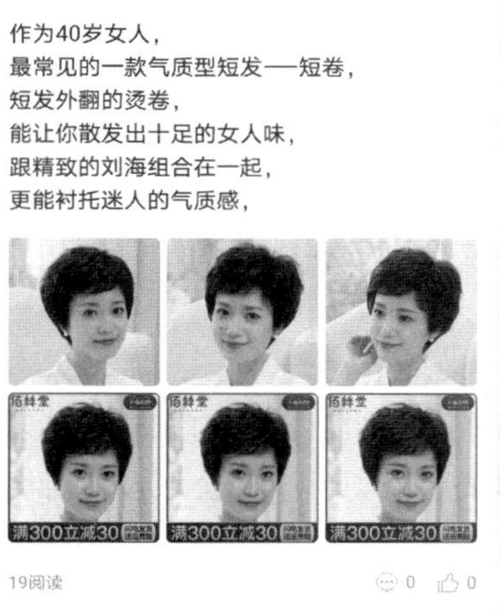

图3-91　微淘内容图片排版

图3-92　微淘图片模板排版示例

3. 话题投稿

平台会结合各个大促活动，设置相对应的话题投稿，被选中的内容可以获得额外的活动展示机会。商家可以通过内容运营中心，了解到最新的话题招募信息，根据店铺的产品类目，选择合适的话题进行投稿。

参加活动投稿前，一定要认真阅读该活动的活动详情，根据活动要求进行内容的设置和优化。如图3-93所示，这篇内容是投稿"双11"活动的，活动要求是在内容的标题和文章中都要出现"双11"的字样，链接的产品也必须是参加"双11"活动的产品。审核通过之后，该篇内容就会在"双11"前的一些活动推广渠道进行展现。这篇种草的阅读量也是所有公域抓取的文章中最高的，可以看出话题投稿所获得的公域流量也是比较大的。

图3-93　双11，适合长脸型女生的假发

4. 其他注意事项

1) 尊重原创

作为一个内容创作者，要尊重原创作品，同时自己也要坚持原创。现在的内容平台，每一篇发布的内容系统都会进行检验，相似性高的甚至不能发布成功。借鉴、抄袭他人的原创作品，一经发现将视为严重违反平台规范，情节严重的，还将对违规账号进行从重处理。

同时，一个具有原创精神的创作者才是好的创作者，也更容易被平台看到，获得平台的扶持，才有助于账号的健康持续发展。

2) 坚持就是胜利

首先，内容的创作必须保持一定的输出频率，可能刚开始，创作的文章不能获得很好的数据表现。但是不要气馁，可以尝试多种文体，测试这个类目下，公域及目标人群会喜欢什么样的内容。例如，佰丝堂卡璐专卖店文案创作者在内容创作初期也是很迷茫的，不知道这个狭小类目下用户爱看什么，然后不断测试，写过穿搭、明星、热门剧、综艺、旅游、护发等各种主题的内容，后来偶尔几次写的和脸型相关的内容被公域抓取了，才慢慢找到创作的感觉。其次，保持每天原创且高质量内容的输出，就算没有被公域抓取，每一篇内容的数据，都是在积累的，会慢慢实现良性循环。所以，做内容运营没有捷径，只有坚持。

项目实施

实训演练

学一学
扫码看视频

实训任务3-4　淘宝店铺内容营销方案策划

1. 实训目标

通过本任务的学习,学生能够了解卖家内容营销创作的内容和类型,掌握图文搭配、测评和清单的写作方法与技巧;培养学生的发散性思维和营销文案写作的能力。

2. 实训背景

"竹中生智旗舰店"是一家以销售竹制家居产品为主的天猫店铺,该店铺一直以温馨、简约的风格受到消费者的喜爱。在竞争日益激烈的电商环境下,该店铺计划开展内容营销。请为该店铺策划一周的微淘营销方案,并撰写相对应的文案。

3. 相关资源

(1) 淘宝网。

(2) 小红书。

4. 实施步骤

(1) 以电商文案小组为单位,填写任务记录单(见表3-8),并完成下列操作内容。

表3-8　任务记录单

实训时间	
实训地点	
小组成员姓名	

(2) 以竹中生智旗舰店为基础,分析店铺粉丝和人群的特点,探讨并确定订阅内容创作的人设、文风等,并构思创作主题。

(3) 在淘宝网上,选择5家同类型的家居行业标杆店铺,进行内容分析,并做好记录。

(4) 以每天三条的频率,为该店铺策划一周的订阅内容主题,即总共21条,填入工具表3-4淘宝店铺一周订阅策划表。

(5) 准备创作所需要的素材,包括图片、文案、产品链接等。

(6) 选择合适的发布工具(工具表3-5、工具表3-6),创作2篇订阅内容。

(7) 结合公域内容要求,优化创作的订阅内容,使其更容易被推荐。

5. 实训评价

实训评价内容、评价方式及对应的分值见表3-9。

表3-9 实训评价表

评价内容	分值	小组互评	教师评价
能够为店铺策划出一周的内容主题	20		
内容主题符合店铺定位且有吸引力	10		
能够创作出符合要求的图文内容	20		
图片搭配/测评内容能体现出专业性	10		
清单能准确描述出该组产品的共同特征	10		
选取的图片符合平台发布要求,且质量高	10		
文字具有人格化特征	5		
图文内容能引导下单	5		
团队成员合作,共同完成任务	10		
总分	100		

电商文案工具表

工具表3-4　淘宝店铺一周订阅策划表

序号	发布日期	发布时间	发布工具(清单、买家秀、图文搭配、图文测评)	内容主题
1				
2				
3				
4				
5				
6				
7				
8				
9				
10				
11				
12				
13				
14				
15				
16				
17				
18				
19				
20				
21				

工具表3-5　图文种草/测评创作表

搭配/测评图片	要求
	您可上传2~9张商品搭配图，上传后可在图片上添加标签以辅助说明。图片比例为3∶4时不得小于750px×1000px；图片比例为1∶1时不得小于750px×750px，支持JPG或PNG格式，需小于3MB
标签1	
	请在图片上点击添加标签，设定标签文案并关联宝贝，有助于提升本条内容的转化哦！可以设置0~3个标签
标签2	
标签3	
搭配/测评描述	用文字向粉丝描述您的商品搭配方案，辅助搭配图片帮助粉丝种草(144字内)

工具表3-6　清单创作表

清单文案	要求
	建议您描述宝贝卖点、权益、信息等内容(144字内)
清单宝贝	
	选择3~9个需要发给买家的宝贝。建议您有明确清单主题(如促销宝贝清单，热销排行榜清单)，这样转化更好哦

同步测试

学一学

扫码做题

延伸阅读

农夫山泉诗歌瓶，是如何把瓶子变成直抵人心的桥梁

这是一个万物皆可为媒介的时代，小到一部手机、一个瓶子、一件衣服，大到一辆列车、一家电影院，都可以成为触及消费者的方式。而如何挖掘围绕在人们身边的一切事与物与之沟通，也是碎片化的多屏时代品牌们必修的一课。

继2017年推出音乐瓶爆红之后，近期农夫山泉联合中国银联用24首印在瓶身上的大山留守儿童的诗(见图3-94)，又把一亿瓶天然水变成了品牌触动全民的媒介载体，暖得人们眼眶一阵酸楚。

图3-94　农夫山泉瓶身诗歌展示

如果说农夫山泉的音乐瓶，直指人心的是成年人世界里的那些酸甜苦辣、人生百味，那么诗歌瓶印在瓶身的诗歌，最动人之处则是孩子们的天马行空和干净纯真。

这些诗歌的作者是来自四川、安徽、河南山区的儿童，他们之中大一点的不过12岁，小一点的只有8岁，但他们写的诗却韵味无穷。

这些诗虽然只有三言两语，所见所想却满是他们对童真、亲情、自然的思考，灵动也感人至深。营销圈常常有人讨论，孩子们写的诗秒杀了许多广告人创作的文案。没想到，这一次农夫山泉真的把它们变成瓶身的包装文案并讲了一个好故事，让人们看到了这个品牌的厚度与温度。

据了解，这次农夫山泉与中国银联合作推出的诗歌瓶，实际上是一次公益性质的合作。农夫山泉和中国银联一共从山区的孩子们收集了24首诗，把它们印在了超过1亿瓶的农夫山泉天然饮用水瓶子之上，旨在让更多的人听到"来自大山里的声音"。消费者只要扫描瓶身上的二维码，就可以听到孩子们读诗，也可以参与银联云闪付的助力捐赠活动，来为留守的山区孩子的教育出一份力，如图3-95所示。同时，在这次公益项目中，农夫山泉除了向基金会捐助款项之外，还在全国各大商超专门设置了诗歌瓶的地推陈列，并摆放银联诗歌POS机，消费者可以花一元钱在POS机上买一首诗，款项将全部捐赠，用来支持乡村儿童艺术语文素养课程。

图3-95　扫描瓶身二维码显示的图片

一个瓶子真的没有什么，但一个瓶子和关注留守儿童的成长与教育联系在了一起，意义就大不相同了。这就是农夫山泉诗歌瓶背后的营销逻辑。

【资料来源：兵法先生.农夫山泉诗歌瓶，是如何把瓶子变成直抵人心的桥梁的】

第四篇 达人篇

教学目标

知识目标
- 了解达人账号定位和选题的原则
- 掌握达人账号定位和选题的方法
- 了解常用的图文文案的写作技巧
- 掌握图文文案的创作流程和方法
- 了解视频文案的写作技巧
- 掌握视频文案的创作流程和方法
- 了解带货直播的要素与流程

技能目标
- 能够打造富有特点的达人账号
- 能够围绕账号定位进行选题策划
- 能够撰写打卡、种草、社交和资讯文案
- 能够策划卖点突出的产品短视频
- 能够策划商家带货直播

素质目标
- 培养学生团队合作能力
- 培养学生独立思考、举一反三的能力
- 培养学生网络营销软性思维方式

思政目标
- 具备原创精神
- 具备传播正能量的社会使命感
- 具备电商文案人员的职业道德和法律意识

思维导图

扫码看视频

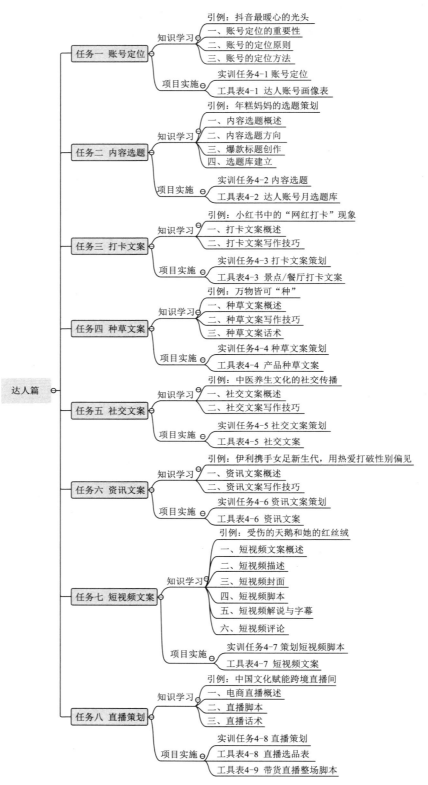

任务一　账号定位

扫码看视频

知识学习

引例

抖音最暖心的光头

"暖男先生"这一账号是由著名笑星演员郭冬临老师带领其团队倾力打造的。借助卡思数据的分析，我们可以看到，暖男先生3月18日在抖音发布第一条视频，3月份14天时间内总共发出15条视频，增粉高达797.9万人。

暖男先生的迅速崛起固然离不开郭冬临本身所带的"明星光环"，但其账号本身的内容定位也成为粉丝关注的关键。一句"冷吗？暖你"的账号宣言能够迅速收获抖音用户的认同感，加之郭冬临之前塑造的经典好人形象"郭子""郭哥"已经深入人心，让这个账号成为用户获取快乐和温暖的来源地，自然十分受欢迎。

账号名称一定要和目标人群绑定挂钩。"暖男先生"的目标人群是什么？目标市场是什么？其目标人群一是已婚的男女，二是适婚的男女。已婚女士喜欢这种暖心的故事，已婚男士会有一些共鸣，适婚男女会想看到自己婚后生活的样子。"暖男先生"面向这样一个市场，涉及家庭的内容都可以进行变现，并且面向的男女用户大多在职场，之后的变现内容还可以拓展到职场，所以暖男先生的想象空间很大。

【资料来源：作者根据相关资料整理】

【引例分析】 账号的定位对于账号的起步和后续的发展有着非常重要的作用。鲜明的个人特色和清晰的个人定位可以让账号在互联网的洪流中脱颖而出，获得更多的关注。账号定位不仅直接决定了账号涨粉的速度、变现的方式、引流的效果，同时也决定了账号的内容布局和未来走向。

一、账号定位的重要性

定位是个比较宽泛的概念，在商业上，定位之父杰克·特劳特说过："所谓定位，就是令你的企业和产品与众不同，形成核心竞争力；对受众而言，即鲜明地建立品牌。"对于达人账号而言，定位就是要弄清楚三个问题：你是谁？你要做什么？你和别人有什么不同？

在卖家篇，我们没有专门讲解账号定位，是因为卖家号是依托于产品和店铺的，其定位与店铺的定位相吻合，不用花太多的时间去做账号的定位。但是对于达人来说，账号的定位就很重要了，它是创作和内容输出的基础，账号定位得好不好，会直接影响到账号的后续运营与发展。一个好的账号定位，可以方便记忆、确定风格、帮助建立关系。

(一) 方便记忆

在现实生活中,有明显特征的人更容易让别人记住。在虚拟世界中,也是一样的,有鲜明特征的账号,能让用户快速了解你是谁,你想要做什么,从而留下印象。比如我们提到某个明星或者名人的时候,就会想到他的作品,或者他的人物特点、标签等,这些信息让我们对这个明星或者名人印象更深。同样地,为账号设置这些特点、故事或者背书,可以让大家对这个账号的认识更加具体,印象也更加深刻。

(二) 确定风格

账号定位可以给账号确定风格。账号定位为该账号后续内容的输出设定了基调,根据这个设计和创作内容会更加容易。例如,前面案例里面提到的"暖男先生",该账号的定位是中年已婚暖男。那么,这个账号发布的作品就可以是一些围绕婚姻生活、子女教育、夫妻相处之类的内容。这些围绕着定位的内容也正好是账号的粉丝们所期待的、喜爱看的内容。

(三) 帮助建立关系

账号定位还有助于与粉丝建立关系。通过定位可以更好地塑造人物的个人魅力、性格特点和价值主张,并将它们传递出去,而这些特征可以帮助账号吸引到有相同标签的人群,他们因为喜欢你的这些特征而关注你,成为你的粉丝。

二、账号的定位原则

账号定位是为了账号后续发展做准备,也是为了账号后续实现经济价值做准备。一个好的、能变现的达人账号定位需要遵循以下4个原则。

(一) 垂直固定领域

一个账号只专注一个细分领域。我们要把用户群体进行拆分,做到垂直且专注,而不要面对一个泛泛的群体去做内容。不垂直等于不专注,你越想迎合所有的用户,做各种各样的内容,后面就会发现,所有的用户都不喜欢你甚至抛弃你。垂直领域越是深挖,越是专业,就越可以帮助账号吸引到更精准的粉丝。这些粉丝因为喜欢这个账号的内容,有相同的标签,粉丝和内容、账号的黏性是比较强的,这为后续账号进行变现提供了基础。

图4-1为"小阳的昆虫世界"抖音账号的截图。该账号是一个知识分享型的账号,给大家科普和昆虫相关的知识。它的定位垂直且专业,同样喜欢昆虫的人就很容易因为这个内容而聚集,因此该账号的粉丝黏性很高。这时候,小阳推荐一些和昆虫相关的产品,如昆虫标本、昆虫书籍等,粉丝就很容易购买。虽然这个账号的粉丝数量和一些大V账号的粉丝数量相比而言还是比较少的,但是它的变现能力却很强,原因就是账号定位足够垂直。

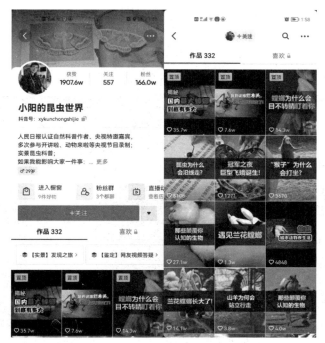

图4-1 小阳的昆虫世界账号截图

(二) 保持差异

只有差异，才能让你的账号从众多的账号中脱离出来，让用户记住你、关注你。电商自媒体发展到现在，基本上什么领域都有人在做，有些赛道竞争非常激烈，你想要开辟一个全新的没有竞争的赛道基本是不可能的。我们能做的就是在同样的领域里，通过不同的定位保持差异，让自己与别人不一样。这些差异可以从内容领域、IP或人设的特点、内容结构、表达方式、表现场景、拍摄方式、视觉效果等众多方面来体现。

(三) 设置记忆点

想要账号容易被记住，可以给账号设置一些容易记忆的点。这个记忆点的设计可以分为人物形象和账号内容两个部分。

1. 人物形象

人物形象分有形与无形两种。样貌、着装、配饰等属于有形的人物形象。比如，有些达人会有一些固定的配饰，可能是一个红色的帽子，或者是一个夸张的耳环。这些形象设计会慢慢成为这个人物的符号，用户只要看到这样的帽子或者这样的耳环，就会自然而然地联想到这个达人；性格、言行举止、价值主张、爱好与梦想等属于无形的人物形象，这些也能打造出鲜明立体的个人形象。比如，有些达人的作品会反复出现某个口头禅，那么这个口头禅会成为他的个人符号，用户在其他地方听到这句话，也会想到这个达人。

2. 账号内容

在账号内容的设计上，也可以设置一些记忆点，让用户觉得这一类内容很特别。我们往往在文章或者短视频的开头、结尾和转场处设置一些固定的模式，让它形成记忆点。

图4-2为唐风温泉度假村官方抖音账号以老板视角拍摄的短视频的固定开场。通过统一的文案"我不是一个普通人,在唐风温泉这一亩三分地,我是他们的……"和固定的场景设计,让用户知道,接下来老板要出场了。之后,只要这个开场一出来,大家就知道老板来了,从而引发期待,这次老板又要和我们说什么了?

学一学

扫码看视频

图4-2 唐风温泉度假村短视频开场

(四) 持续输出

人的记忆是有一条遗忘规律的,如图4-3所示。随着时间的推移,我们记得的内容会越来越少,我们要不断复习,来强化记忆。所以,达人要围绕原来的设定,持续输出,不断进行强化。如果没有持续地输出内容,久而久之,就会被粉丝忘记。因此,持续输出是最后也是最重要的账号定位原则。不管上面几方面做得再好,如果不坚持更新,不仅会被粉丝遗忘,根据平台的规则和算法机制,账号的权重也会下降,获得的平台推荐量也会变低。

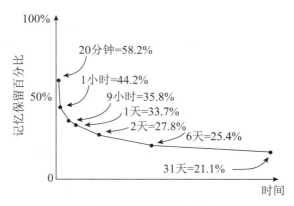

图4-3 艾宾浩斯遗忘曲线

三、账号的定位方法

怎样定位出富有个性化的达人账号呢?那就是从自身出发,通过设计,把账号的定位逐渐具体化、形象化。

(一) 从自身出发

账号定位要从自身出发,在账号中输出自己擅长的东西,才能长久。在进行账号定位的时候,不妨对自我进行剖析,我有哪些擅长的东西,有哪些感兴趣的东西;也可以以团队为单位,进行头脑风暴,把团队成员所擅长的领域都写出来。表4-1为某达人团队在前期做定位时写出的各自擅长或感兴趣的内容、领域。

表4-1 某达人团队在前期做定位时写出的各自擅长或感兴趣的内容、领域

减肥	美妆	美食	宠物	健身
校园生活	旅游	摄影	考证考级	跳舞
汉服	二次元	短视频剪辑	穿衣搭配	养生
英语学习	唱歌	创业	搞笑	编发

(二) 确定账号角色

接下来,对擅长的内容进行归类,从而初步确定账号的角色。前面提到,账号定位要垂直,不能太杂乱,如果什么东西都写,什么东西都发,这个账号的定位就不准确也不垂直了。因此,要对擅长或感兴趣的内容、领域进行整理,把可以叠加的归到一起,如表4-2所示。最后,在这些角色里面选择一个最佳的。

表4-2 确定账号角色

分支主题1	分支主题2	分支主题3	分支主题4
减肥 健身 养生 美食	美妆 穿衣搭配 编发	唱歌 跳舞 搞笑	校园生活 英语学习 考证考级
减肥达人	美丽达人	才艺达人	学习达人

(三) 填充人物标签

账号角色基本确定后,就要让这个角色形象丰满起来。我们可以给这个角色设置一个身份,完善基本信息,让它像一个有个性的人一样,有兴趣、爱好,有性格特征。在这个步骤,我们也可以将记忆点设置的元素考虑在内。

(四) 填写账号信息

账号信息是展现账号定位的一个重要途径,同时也是用户快速了解一个账号的途径。不同的电商平台对注册条件和审核要求有所不同,需要按照平台的要求填写信息,但基本上都会包含昵称、头像、简介和背景图4个部分。

1. 昵称

在庞大的电商平台上,昵称是一个非常重要的元素,它像是一个窗口,向用户展示你

的个性和特色。一个好的昵称会让用户知道你是谁、你能做什么、你做的事情是否对他有帮助，让他更加清晰地认知你的价值，从而给他一个关注你的理由。将昵称和账号的垂直领域结合起来进行设计是一个很好的策略，它有助于让用户快速了解你的专业领域或内容方向。比如一个叫乐乐的女生，如果做穿搭博主，平台昵称就可以叫"乐乐的小衣橱"；如果做读书分享，平台昵称就可以叫"乐乐爱读书"。这样和垂直领域结合起来的昵称，用户一眼就可以看懂你是干什么的，并转化成你的粉丝。

昵称不仅要和领域结合，还要通俗易懂、简单好记。任何复杂的昵称都会增加用户了解你的成本，而且搜索起来也比较麻烦，不利于用户想起你、找到你。

爆款昵称的公式可以总结为"简单、好写、常见的昵称+内容细分领域"。

2. 头像

账号头像代表的是个人形象。头像一般选用本人真实的照片，这样能拉近与用户之间的距离，可信度也比较高。所以，不妨以自己的自拍照或者能体现专业性的职业照来做头像。现在有很多的账号都喜欢用卡通人物作为头像，除非你的账号定位和内容都是以这个卡通人物为原型的，不然不建议使用卡通人物作为头像。

3. 简介

简介的作用就是突出体现你的账号定位，以获得用户更深的信任感与认同感，从而增强对该账号的认可度。而获得关注的本质就是"你刚好需要，我恰好专业"。因此，我们在简介中需要体现出自身在这个领域的专业度。图4-4为百万粉丝的母婴公众号"暖暖妈爱分享"的简介："北大硕士妈妈，教育类畅销书作家，著有《高效能养育》《0—3岁新妈妈科学育儿指南》。分享科学育儿，关注女性成长。"这样的经历写出来，是不是可以让你感受到她在母婴领域的话语权？看到这样的简介，如果你对科学育儿和女性成长相关内容感兴趣，是不是就会关注她？

图4-4　暖暖妈爱分享账号简介

4. 背景图

背景图往往会展示在账号的主页，就像是一个广告位，再一次展现你的定位，体现你的价值。我们可以在背景图的位置放上一张和账号定位相符的图片，用来加深用户对账号定位的理解。图4-5为一个乡村生活分享的达人的账号页面截图。该账号的人设是一个退休归乡的女性，通过对农村院子的改造，享受美好的田园生活。该账号的背景图就是一张盛开的荷花，这个图片是很多父辈喜欢的，很好地展现了账号的定位和特点。

图4-5 小芳(李家小院)抖音账号页面截图

项目实施

实训演练

扫码看视频

实训任务4-1　账号定位

1. 实训目标

通过本任务的训练,学生能够了解账号定位在达人账号内容运营中的作用,掌握账号定位的流程和方法,为自己的达人账号设置个性化的信息,为之后账号的运营打好基础。

2. 实训背景

传统交易型电商的发展进入"流量瓶颈",流量的获取方式越来越单一,而以内容为核心的达人运营给电商从业者提供了新的流量通道,可以说,重构了电商产业,将消费者带入内容消费的新场景。

挖掘各自小组成员的特点,选择合适的平台并注册自媒体账号,结合所学知识进行账号定位,打造富有人格特色的达人账号。

3. 相关资源

抖音、小红书等自媒体平台。

4. 实施步骤

(1) 以电商文案小组为单位,填写任务记录单(见表4-3),并完成下列操作内容。

表4-3　任务记录单

实训时间	
实训地点	
小组成员姓名	

(2) 以小组为单位进行讨论,挖掘各个团队成员的特征,确定达人账号的角色。

(3) 填充达人账号的标签。

(4) 结合该账号的特点,以及目标人群的特征,选择三个合适的平台进行账号注册,并说明理由。

(5) 根据这三个平台的要求,准备账号信息所需的内容,包括账号昵称、账号头像、账号简介、背景图等。

(6) 分享并介绍各个小组的达人账号。

5. 实训评价

实训评价内容、评价方式及对应的分值见表4-4。

表4-4 实训评价表

评价内容	分值	小组互评	教师评价
按照要求完成训练内容	20		
账号角色鲜明，符合团队成员特征	20		
账号信息完整且具有个性	20		
账号注册平台选择合理	10		
账号信息与定位一致且具有个性	20		
团队成员合作，配合默契，共同完成任务	10		
总分	100		

电商文案工具表

工具表4-1　达人账号画像表

基本信息	昵称		性别		年龄		头像
	地域		职业		婚姻状况		
	领域		性格		爱好		

网络特征（记忆点）	你的形象是什么样的	
	你的小动作是什么	
	你的口头禅是什么	
	你讲话的语气是怎样的	
	你文章/视频的开头/结尾/转场有什么特点	

账号信息	简介	
	背景图	

任务二　内容选题

扫码看视频

知识学习

引例

年糕妈妈的选题策划

年糕妈妈是一个拥有百万粉丝的母婴公众号(见图4-6)，每天早上7:00—8:00发布微信推文，头条阅读量基本能达到10万次，次条阅读量也有5万次。该公众号的目标人群是25~40岁的中国女性，这些女性有一个(或以上)的小孩，有一定学习能力，以高等学历为主，有主动获取知识的习惯，且不完全认同传统的教育，希望能够更加科学地带娃，有独立的意识和一定的经济基础。这一类的女性大多第一次当妈妈，想要了解科学育儿的方法。除此之外，她们注重个人的成长，担心为家庭付出之余，会不会暂时失去工作或者降低社会价值，迫切想要了解平衡家庭生活与工作发展的方法。同时，生娃后如何处理不一样的婆媳关系、夫妻关系也是她们比较感兴趣的。

年糕妈妈育儿生活
杭州智聪网络科技有限公司

帮你抓住宝宝大脑发育黄金期，科学喂养、正确护理、快乐启蒙！　更多
视频号：年糕妈妈育儿生活
1760篇原创内容
IP属地：浙江

图4-6　年糕妈妈公众号

结合目标人群的特点和需求，年糕妈妈公众号的内容主要有三大类，分别是育儿常识、女性成长和家庭经营。在这样的范围内进行内容的创作，每个月都可以创作出一些爆款文章。表4-5为年糕妈妈公众号某月热门内容。

表4-5　年糕妈妈公众号某月热门内容

育儿知识	《爱发脾气的孩子，才不是被惯坏了》
	《这种"鼻涕"超可怕，一个忽视可能影响孩子一生》
女性成长	《女人追剧不如多看书，这一次答案真的不一样》
	《42岁网红妈妈舍命产子，这一次真的没人感动》
家庭经营	《生了二胎也过得很好的家庭，都做了这件事》

【资料来源：作者根据相关资料整理】

【引例分析】万事开头难，好的选题是内容引爆的基础。达人创作出来的内容是给粉丝看的，那么粉丝喜欢看什么，粉丝需要看什么，就是我们进行选题的一个重要依据。同时，选题时还要注意对社会热门事件、重点话题的关注，结合热点创作出新鲜的、讨论度高的文章。

一、内容选题概述

选题，是指在写作与拍摄之前，对文章或者短视频的题材、主旨等观点进行初步的确定。明确了选题和主要内容之后，创作也会更有方向。好的选题很大程度上决定了文章或短视频能否获得好的流量。这个好的流量一方面是指多的流量，因为好的选题更受欢迎，用户更爱看，流量更多；另一个方面是指精准的、高质量的流量，因为好的选题能帮助达人将内容推送到目标人群，受到目标人群的喜爱，从而取得更好的效果。

(一) 选题类型

达人账号的选题类型主要有三种：常规选题、热门选题和系列选题。

1. 常规选题

常规选题，是指在该账号中经常出现的选题，也是账号内容的主要部分。常规选题主要围绕账号定位展开，比如我是美食达人，那我就会经常给大家介绍各种各样的美食。

2. 热门选题

热门选题，是指和当下的热门话题相结合的选题。例如，社会事件、娱乐明星这些都是老百姓普遍关注的话题，与这些热门事件相关的选题，更容易在当下引起关注，为账号带来更多的流量。

3. 系列选题

系列选题，是从常规选题中提炼出来的一种选题，是一种特定形式，而这种形式恰好是受用户欢迎的。系列选题相对来说难度最大。比如一个美食账号，它可以出一个"挑战100天给闺蜜带不重样便当"(见图4-7)，这就是一个系列，这个系列都是关于给闺蜜做的美食，形式也差不多。如果这个系列里面的某一个视频点击率突然提高，那么就可以带动整个系列的流量。

图4-7 系列选题示例

(二) 选题标准

选题是有好坏的，好的选题要有关注度、新鲜感和价值感。

1. 关注度

好的选题要有关注度。达人的内容是做给用户看的，用户想看到什么东西，是达人做选题的关键。如果创作的内容不能让用户感兴趣，这个选题就是不成功的。成功的选题要能够覆盖目标人群，引起目标人群的关注，围绕着目标人群的痛点来展开。

2. 新鲜感

好的选题要有新鲜感。不能别人创作什么内容，你就创作什么内容，你要有自己的独特内容，哪怕是同一个话题，都要有不同的角度或呈现方式。同时话题开展的时机也很重要，要在话题还在发酵的时候就进行创作，如果在热度过后推出文章或短视频，就没有人关注了，很难引发关注。

3. 价值感

好的选题要有价值感。这个价值感主要体现在知识和情感两个方面：一方面，可以通过传递新的知识、提供解决方案，或者颠覆原有的认知让用户学习到新的内容，获得知识的价值；另一方面，可以通过情感的输出，让用户产生共鸣，获取情感上的价值。

二、内容选题方向

达人可以创作的内容非常多，但是，作为网络信息的创造者，达人在选题时要树立一定的社会责任感，不要选择一些与国家政策、公序良俗相违背的话题。那么，怎么进行选题呢？我们一起来看看这几个选题方向。

(一) 领域关键词拓展

领域关键词拓展是常规选题的常用思路。通过关键词拓展得出的选题方向与账号关联度最高。当我们确定了账号的专属领域之后，就可以通过思维导图的方式，拓展领域的关键词，拓展出来的词，又可以继续拓展，每一个关键词都可以是一个选题。例如，某账号的定位是美妆达人(见图4-8)，通过美妆的领域关键词，可以拓展成化妆和护肤；继续拓展，化妆又可以根据用处，分为眼妆、唇妆、打底、高光、腮红；继续拓展，眼妆还可以分为眼影、眼线、睫毛膏等。当然在导图里面出现的每一个词都可以继续细分，得出很多的选题关键词。比如，围绕"眼影"这个词进行创作，题目就可以是"有手就会，保姆级画眼影教程"。这些都是与账号的定位高度吻合的题目，也是做达人内容选题的常用方法。

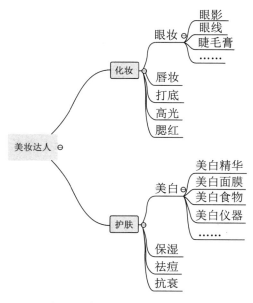

图4-8 美妆达人关键词拓展示例

(二) 对标账号学习

同行里面总是有一些比较优秀的达人，查看他们最近发布的热门内容，和对标账号学习，是找到爆款选题的捷径。但是，和对标账号学习并不是说照搬照抄，而是要找到爆款内容的底层逻辑，围绕这个逻辑，策划出我们自己的内容。

那么，在和对标账号学习做选题的过程中，我们怎么去挖掘底层逻辑呢？一般有4个步骤(见图4-9)，接下去我们以《如何成为国际超模》这个视频为例，挖掘它的底层逻辑。

图4-9　爆款内容底层逻辑还原过程

1. 内容还原

大部分的模仿视频其实都只还原到了这一步，就是别人怎么拍，他也怎么拍。针对这个视频，内容还原有三个过程：先是一个人以土气的造型出场介绍本次挑战主题，接着是在杂乱的场景里面对普通的物件进行改造、搭配，最后是成片展示，和之前的人物形象形成鲜明对比。

2. 评论还原

内容还原后，我们再对用户评论进行还原，发现目标人群喜欢看这个视频最主要的原因是什么。在评论中，我们第一时间了解到目标用户对这个视频的反馈，发现原创、时尚、独特风格、高级感等词语反复出现。

3. 用户身份还原

接下来，我们还原用户：到底是哪些人爱看这种视频呢？根据对账号评论和账号用户画像的分析，我们发现其主要目标人群是18~30岁的女性，而且是不盲目追求大牌，追求独特时尚的女性。

4. 策划逻辑还原

最后，也就是关键一步，还原策划的底层逻辑：这群人爱看的是什么内容？内容应该怎么样呈现更受欢迎？结合前几步的分析可以得出：目标人群爱看的是普通人的时尚，而且通过反差来呈现。那么，围绕这个逻辑，通过反差策划出普通人的时尚，除了做国际超模，你还能策划出其他的方案吗？掌握底层逻辑，选题千变万化，每个人都可以做出爆款内容。

◎ 想一想

根据底层逻辑，除了做国际超模，你还可以策划出其他什么内容？

(三) 用户画像分析

通过对用户画像的分析，我们能够了解到目标人群的特征，发掘目标人群的兴趣点，投其所好开发选题。如果我们的账号粉丝数量还不是很多，不能很好地给出用户画像，我们可以通过蝉妈妈、飞瓜等数据分析软件拉取对标账号的用户画像进行分析。比如做运动达人的账号，你就可以去看看刘畊宏的粉丝画像(见图4-10)，用来借鉴参考。如果我们的账号已经有一定的粉丝积累了，我们就可以通过自身账号的后台了解到更多粉丝数据，更加精准地做选题策划。

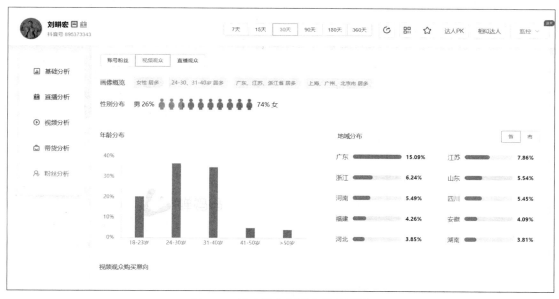

图4-10 运动达人刘畊宏粉丝画像

(四) 热门话题选题

结合热门话题进行选题，可以借势获得较多的流量，也是达人选题的一个重要方向。热门话题大致可以分为时事型热点、节点型热点和平台型热点三类。

1. 时事型热点

时事型热点，一般由社会、民生、娱乐事件引发的热议内容，这种话题突发性强，要求内容创作者要有很强的应急能力，能够在最短的时间内就做出选题和创作。不然热度降下来，这样的选题就很难引起关注了。

2. 节点型热点

节点型热点，一般指行业重点节点、节日，如"双十一"、春节、高考等。与时事型热点相比，节点型热点是基本固定的，创作人员可以根据即将到来的节点，提前做好选题规划。因此，这一类热点是创作人员使用较多的。

3. 平台型热点

平台型热点，一般指平台举办的活动、热门背景音乐、KOL发起的挑战等。这类活动的发起频率比较高，但是创作者不用每个都去尝试，而是要选取与自己账号定位吻合的。如图4-11所示，小红书平台会提前预判接下去平台用户的需求，给达人们整理本周热点。达人们可以结合自身账号的定位，选择合适的热点进行内容的创作和发布。

三、爆款标题创作

广告大师大卫·奥格威认为："一般而言，阅读电商文案标题的人数是阅读电商文案正文人数的5倍。"也就是说，无论企业的电商文案正文多么有说服力、产品多么优秀，第一时间吸引消费者的是文案的标题。规划好选题之后，我们需要思考如何设计一个吸引人的标题。在收集整理了大量爆款标题之后，我发现，爆款标题会有以下几个特征。

(一) 用数字

数字是可以唤起读者注意力的符号，尤其是阿拉伯数字，在汉字中间会格外显眼。另外，数字还有一个很重要的作用，就是可以增强说服力。很多晦涩、抽象的问题，通过数字来表达就变得具体、形象，好理解。例如，一款手机的主打卖点是充电速度快，如果告诉消费者，这个手机充电速度很快，消费者很难理解充电有多快。但是，如果用上数字，感觉就不一样了——"充电两分钟，通话两小时。"通过这样的数据呈现，消费者就可以很好地理解这个手机充电的速度。还有一些其他的带有数字的文案标题，我们可以参考学习。

图4-11 小红书本周热点

> 《长生不老的西红柿，放79天不坏你敢吃吗？》
> 《太绝了！这6款美白面膜不得不囤！》
> 《宇宙最大的星系团=1000000000000000个太阳》

(二) 用问题

通过提问，可以带动用户一起思考，使他们对话题产生更加浓厚的兴趣。这个提问可以是反问、设问，也可以是疑问，甚至还可以是明知故问。我们可以针对用户感兴趣的内容进行问题的设计，把问题营造在场景之中，这样才能吸引用户的目光。

> 《你真的以为那些精美的照片都是拍出来吗？》
> 《什么？关于醋的两大功用竟然是假的，我们被骗了太久》
> 《宝宝说话早聪明还是说话晚聪明？脑科学告诉你答案》

(三) 用标签

人们对与自己有关的事情会格外关注。比如，美国天天堵车，我们不太会关注，但是如果自己家门口的路要挖开铺管道，就会马上关心起来，因为这影响到了我们自身的出行。所以，与用户相关是增强标题吸引力的一个非常重要的技巧，即通过标签让目标人群感受到："哦，这件事和我有关！"在创作时，可以把文章或视频的目标人群特征、标签直接设计在标题里，引起他们的关注。

> 《高考生家长注意了！学会这几个小技巧，孩子英语听力拿满分不是梦》
> 《刘畊宏女孩们必须要知道的3件事情》
> 《40岁之后，中年人的崩溃往往就在一瞬间》

(四) 用冲突

越是冲突的、具有颠覆性的、违反认识常理的东西，越容易引起人们的兴趣，引发关注。当然，这个冲突不能是瞎编的，必须是有理有据的，这样才能让人信服。例如，看到《评分一路飙到9.4，为什么这部剧没人看？》这个标题，你会想，明明很好看、评分很高的电影，却没有人看，这是不是不合理？那么到底是什么原因呢？相信不少人会想要知道答案，想要阅读文章一探究竟。

> 《你屡遭失败是因为没能力吗？归根结底还是缺乏野心》
> 《你的人生写照：桥刚修好，河就逃了》

(五) 用情感

我们在浏览信息时，有时候会突然对某个标题产生兴趣，感觉说得太好了，说到心里面去了，从而点击进去。这类标题通常会与我们记忆中某些经历、场景有关，或者与我们当下的境遇、心情有关，引发了我们的情感共鸣。例如，现在很多学龄孩子的家长都会加入家长群，如今的家长群不仅有老师布置的任务，还有其他家长对自家孩子优秀表现的分享，这些无形中就给家长们带了压力。有相关经历的用户，看到《压垮成年人，只需要一个家长群》这个标题，就会不自觉地点击并阅读。

> 《女人不怕辛苦，只怕心苦》
> 《我们都是倔强的"打工人"》

四、选题库建立

选题库相当于创作者的灵感库，是账号持续保持内容输出的基础。通过对选题的思考，创作者可以将设计的文案标题，放入选题库，并规划发布的时间。图4-12为乡村生活分享达人"小芳(李家小院)"的选题方向，结合账号定位，围绕着农家小院设计了小院四季、小院美食、小院好物和小院人物4个方向，并在每个方向进行关键词拓展，为选题打开思路。

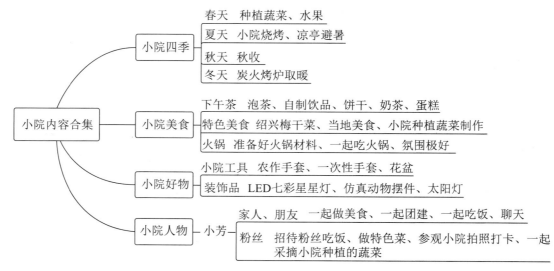

图4-12 小芳(李家小院)选题方向

确定好选题方向之后,我们开始规划账号某个月的发布内容,并确定题目。这时候我们可以结合当月的营销日历,了解该月的节日和重大事件,选取与我们定位相关的日子进行标题的设计。图4-13为6月的营销日历,6月份的节日和重大事件都标注出来了,我们结合小芳账号的定位和选题方向,发现儿童节、端午节、父亲节、夏至这些节日都是比较适合推出视频的。该账号以每两天一更的频率进行视频创作,可以策划出6月的选题库(见表4-6)。

图4-13 6月营销日历

表4-6 小芳(李家小院)6月选题库(部分)

日期	选题
6月1日	六一儿童节,带小外孙到小院摘好吃的水果黄瓜
6月3日	家人们团聚的端午,今天的小院很热闹
6月5日	先生说:这个伞帽好,下雨天也能解放双手干农活
6月7日	不想要腰缠万贯,只想要一个小院感受三餐四季
6月9日	插秧大比拼,你们说谁是高手?
6月11日	不闻人间烟火,只尝世间美味

项目实施

实训演练

实训任务4-2　内容选题

学一学
扫码看视频

1. 实训目标

通过本任务的训练,学生能够了解内容选题的作用和类型,掌握内容选题的流程和方法,了解好选题的标准,能够建立选题库,为自媒体达人账号内容创作做好准备。

2. 实训背景

在实训任务4-1中,我们设计出了很多具有特色的达人,为了能更好地进行达人账号的内容创作与输出,请大家以小组为单位,结合本节课所学知识,为小组的达人账号策划选题方向,并结合本月营销日历,建立选题库。

3. 相关资源

(1) 小红书、抖音等自媒体平台。

(2) 营销日历。

4. 实施步骤

(1) 以电商文案小组为单位,填写任务记录单(见表4-7),并完成下列操作内容。

表4-7　任务记录单

实训时间	
实训地点	
小组成员姓名	

(2) 以小组为单位,结合上节课小组账号的定位,讨论该账号的选题,并创建三个内容合集,填入表4-8。

表4-8　内容合集

序号	合集名称	主要内容
内容合集1		
内容合集2		
内容合集3		

(3) 根据合集内容进行拓展,并结合本月的营销日历,以每周至少4篇(每月至少16篇)的频率建立本月选题库。

(4) 优化文案标题,使其具有爆款潜质。

(5) 各个小组进行成果汇报与交流。

5. 实训评价

实训评价内容、评价方式及对应的分值见表4-9。

表4-9 实训评价表

评价内容	分值	小组互评	教师评价
按照要求完成训练内容	20		
内容合集设置合理，与账号定位一致	20		
选取的营销节点合理	10		
有2~3篇的热门选题	10		
常规选题合理，部分选题有创意	20		
团队成员合作，配合默契，共同完成任务	20		
总分	100		

电商文案工具表

工具表4-2 达人账号月选题库

序号	发布日期	标题	主要内容
1			
2			
3			
4			
5			
6			
7			
8			
9			
10			
11			
12			
13			
14			
15			
16			
17			
18			
19			
20			
21			
22			
23			
24			
25			
26			

任务三　打卡文案

扫码看视频

知识学习

📄 引例

小红书中的"网红打卡"现象

伴随着互联网、移动终端的出现，消费者逐渐习惯了网络购物，创造了一个新的虚拟消费社会空间。从微博、微信、豆瓣到小红书、大众点评、抖音，互联网平台催生出的"网红打卡"现象层出不穷。以长沙为例，在社交媒体"小红书"上以"长沙打卡""长沙打卡地""长沙打卡点"为关键词进行搜索，获取"综合""最热""最新"三种排序规则下的前1000条数据，如图4-14所示。

图4-14　小红书"长沙打卡"软文

从笔记空间分布情况看，长沙案例的大部分"网红打卡"集中在老城区，即以五一广场为中心的历史城区一带。此外，其他城市片区以及城市近郊区也有"打卡"热点零星分布，如图4-15所示。

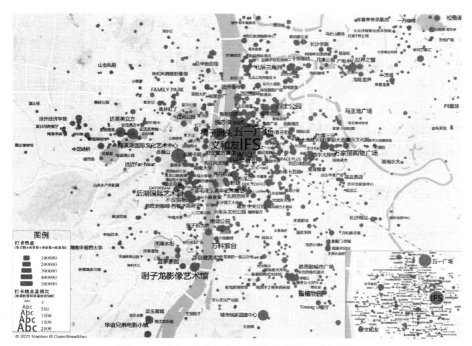

图4-15 小红书"打卡"热度和地点词频分布

小红书中长沙排名前500的"网红打卡地"人流量如图4-16所示，线越粗代表人流量越大，表示用户对"网红打卡"信息敏感度较高，"打卡圣地"对用户选择有着高度影响力。

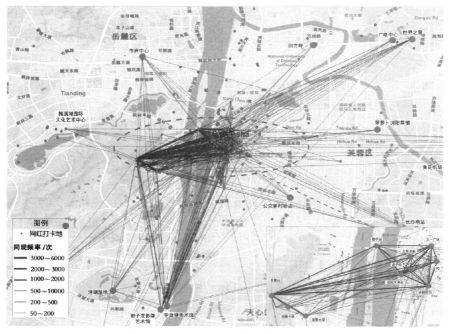

图4-16 小红书"网红打卡地"热度

【资料来源：周恺，张海涛，夏依宁.社交媒体影响下的城市消费空间新特征：以小红书长沙"网红打卡地"为例[J].现代城市研究，2021(9)：20-27.

【引例分析】 小红书以探店、美食、生活、摄影、旅行、美妆、健身、美容、美发、服饰、烘焙内容为主，消费受众群体主要为年轻女性。由于消费信息传播中商业空间居多，平台上出现了大量针对性的商业营销行为，企业和团队在有意识地开展营销"网红打卡地"，这使小红书不再只是一个社交网络平台，也同时具备了塑造城市消费空间的能力。"网红打卡"使旅游或消费场所不再仅限于综合体、商业街、景点、名胜古迹、公共景观，包括更多以好看、好吃、好玩为导向的、未知名的集体"打卡地"，增加了城市旅游、城市消费的空间层次，拓宽了相关领域。

一、打卡文案概述

(一) 打卡文案的定义

传统的"打卡"被解释为一种考勤方式，但随着社会经济文化的不断发展，衍生为"看过留名"，在游览、光顾某一个地方、参与某一个活动后，表示今日看过了、来过了、感受过了。过去人们听到新闻的第一反应就是把它告诉别人。而社交媒体时代，"告诉"更意味着打卡与分享。网络打卡正在成为新媒体时代一个日益广泛且频繁的媒介仪式。打卡文案就是这样一种发布在社交媒体上的对自我的行为做出记录的一种文案形态。

打卡文案在国内外各类社交平台上盛行已久，用户将线下的生活实践与线上的内容制作进行融合，在社交平台上进行自我呈现，通过图片、视频等形式将自己个人化的体验置于公共开放的场域中，吸引更多用户点赞和评论，进而使自己成为网络空间中的新型意见领袖。

小红书、大众点评作为国内主要的打卡内容生产平台，目前拥有超过3亿的用户数量。与其他社交平台不同，它们重点放在社区的打造上。在平台中，用户通过上传线下消费的图片、视频或文字内容，引发"社区互动"，进而推动其他用户到线下打卡，形成一个从消费到分享再到消费的闭环过程。

(二) 打卡文案的类型

打卡文案有多种类型，很大程度上，用户本身的打卡目的决定了使用哪种打卡文案类型，如评价、社交、推荐。以美食打卡为例，为吃而吃的打卡更多是一种饮食记录，一种外在的记忆存储；为社交而吃的打卡则更多是一种分享；而为宣传而吃的吃货打卡更多表现出对商家的推荐。

1. 评价型打卡

无论是美食打卡还是旅游打卡，在体验过程中质量是第一因素。以美食打卡为例，吃货打卡网红店的目的无一例外会包含着对美食的期待，但同时也希望饮食消费能够物超所值。网红店的不断创新也促使前来围观打卡的吃货逐步增多。其中，单纯为"吃"而来的"评价型打卡"逐渐嬗变为一种记录仪式。

如何"吃"得精致、"吃"得美味、"吃"得新颖是这一类打卡文案的探店特征(见图4-17)。他们有一套自己的"法则"，包括对"吃"的态度、对"吃"的追求及如何去探店并评价店铺与食物的标准。按照统一的标准进行详细的记录，达人与媒介互动的主要目的也是寻求更好吃、更符合自己标准的食物，并在这个过程中形成一套具有特色的自身记录式的打卡文案。

图4-17 评价型打卡示例

2. 社交型打卡

社交型打卡，是指出于社交目的而进行的打卡活动，不同于单纯追求美食的吃货们对吃的痴迷以及想要吃某一家店的强烈欲望，他们对于吃某一家店没有强硬的态度，更像是一种协商。这个互动协商的环节通常从达人的上一篇软文开始，与粉丝讨论吃什么类型的菜品开始，以选择哪家店结束。而后伴随的是出行及吃后活动的协商。更有甚者，会接着这个话题谈论一下彼此的口味喜好，也会从中选出更多一起想吃的店进行收藏，方便下次打卡。这类文案不仅能够触发吃什么和怎么吃及对网红店的评价等一系列的讨论，同时还会促进粉丝们的深度互动，以构建维护亲密关系。

3. 推荐型打卡

不论是大众点评或是小红书、微博等社交媒体，拥有很高人气的打卡软文总会呈现在推荐页中。翻至主页也会发现其个人账号的粉丝量与阅读量高于大多数平台用户。一般来说，具有一定粉丝量的账号都会自带吃货、美食家等人设标签并且在长期实践的基础上形成自我的探店技巧，包括拍摄技巧、文案技巧及封面技巧和互动技巧等。正因为如此多的技巧及粉丝流量的加持，他们的打卡文章很可能使得生意不好的店铺起死回生甚至火爆异常。因此，商家主动邀请其探店，同时平台也会将打卡软文放置更高的流量池，从而实现更多曝光。而这些吃货便是普通人眼中的博主，他们总能够探到新奇有趣的店，跟随他们的推荐，粉丝能够体验到好吃的店。

推荐型打卡软文的推荐效果会随着博主话语权与影响力的增强而增强，通过放大店铺环境与服务及菜色的属性，而缩小自我生活细节的比例，进而让账号更多呈现推荐的氛围。如图4-18所示,"金华微生活"的账号就是一个分享金华美食的账号,给粉丝推荐美食。

图4-18 推荐型打卡示例

想一想

出门旅游或选择餐厅时,小红书或大众点评上的打卡软文会影响你的选择吗?为什么?

二、打卡文案写作技巧

以美食打卡为例,在整个打卡流程中,舌尖品尝一直被认为是整个饮食过程中固定不变的一部分。一般而言,舌尖品尝的过程结束,"吃"的目的就完成了,这个过程带有个人主观感受,而打卡文案分享了一套全面而又详细的美食信息。打卡群体把品尝的实践过程汇聚成了文字与图片,以视觉化的形象呈现给千千万万的人。

好的打卡文案能让粉丝沉浸在平台所营造的"吃"的环境中,让文字成为粉丝的眼、鼻、口,让粉丝身临其境地感受味道,最终成为粉丝面对选择时的"意见领袖",影响着他们的感知。那么如何写好打卡文案呢?打卡文案写作有以下几方面的技巧。

(一)拍摄图片技巧

图4-19所示为大众点评平台打卡文案编辑界面中上传

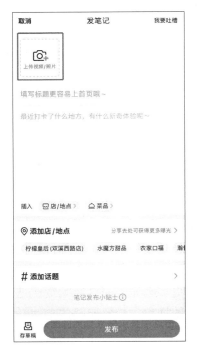

图4-19 大众点评图片上传

图片的部分。在打卡文案中，"选店、探店"的图片拍摄是必不可少的，它能为打卡带来感官延伸式的全景视野环境体验。创作者拍摄照片时，应极大限度地将视觉感知呈现在图片上，追求真实场景的完整还原。

为了能使用户有身临其境之感，打卡文案一般拍摄并上传至少5张图片，其中至少包括三张菜品特写，注意菜品样式不得重复，同一道菜品仅算一张图片。封面照片是吸引用户点击的重中之重，需要谨慎选择。打卡文案可以选择菜品特写、特色环境全景或整桌菜品一览作为封面。打卡文案配图参考如图4-20所示。

图4-20　打卡文案配图参考

(二) 编写标题技巧

图4-21所示为大众点评平台打卡文案编辑界面中填写标题的部分。通常用户看到标题时，会在0.5秒钟之内做出是否继续阅读的决定，标题是内容的"钓饵"，决定着用户能否"上钩"。作为给读者的第一印象，标题如果没有吸引力，内容再优质，用户也看不到。写好一个打卡文案的标题，意味着可以激起用户点击阅读的兴趣。同时确定好一个标题，代表着整篇内容的基调也已正式确定。标题一般15~17字。下面介绍5种常见的拟标题方法。

1. 提取卖点

最简单的编写标题的方法，就是从卖点中提取两到三个词语。卖点是指所卖商品具备的前所未有、别出心裁或与众不同的特色。好吃或者环境好都不是卖点，只有从好的因素中提取与众不同，才能吸引用户。比如，两家火锅店，卖的都是重庆火锅，装潢风格也一样，但是A店有传承了100年的独家秘方，大厨还是个地道的重庆人，这就是卖点。所以选卖点的时候一定要注意，卖点等同于特别、新奇。如："重庆飞来的侠客大厨，传承100年的秘制火锅底料，颤栗舌尖，等你来战！"

图4-21　大众点评标题填写

2. 夸张手法

用夸张的手法表达商品属性，如形容性价比高，可以这样说："这家芋儿鸡是学校西门永远的神，只要40元，18种配菜尽拥有！"夸张的标题能突出事物的本质，或加强作者的某种感情，烘托气氛，能引起粉丝丰富的想象和强烈共鸣。但要注意的是，夸张并不是假、大、空，创作者要为软文的内容和真实性负责。

3. 留下悬念

悬念式标题是指以令人感兴趣而又一时难以做出答复的话语，吸引人们继续阅读正文的软文标题。如："每天只卖80份，让众多吃辣星人争相排队，传闻爆辣飘香只需一口就停不下来！TA究竟是何来路？"

4. 善用数字

标题中运用数字往往具有更高的可信度和说服力，能让用户对文章或视频的重点一目了然，并产生兴趣。如："12小时+120斤猪骨=50碗汤底，那么奢侈的事也只有豚王干得出来！"这样的数字式标题，用户会非常容易捕捉到自己感兴趣的内容，找到美食的价值点在哪里。

5. 巧用热词

对于追赶潮流这种事，几乎每个人都会有一种急迫感。那么，想要引起用户好奇心使其深入了解，在标题中使用热词是首选。比如，2022年，周杰伦发行个人第15张专辑《最伟大的作品》，成为当下热搜，出现"最伟大的作品""小公举""CCTV来做独家专访"等热词。某打卡文案标题巧用热词，写道："它惊动了CCTV来做独家专访，桂林火锅界最伟大的作品：酸菜鸡火锅，24小时不打烊，随时随地恭候您来店做舌尖小公举！"提升了用户点击率。

(三) 设计文案内容技巧

图4-22所示为大众点评平台打卡文案编辑界面中内容创作的部分。美食打卡文案要想达到好的效果，必须要在内容结构上下功夫。美食在没有吃到嘴里前，单从外表无法看出好吃与不好吃。食欲的诱发和氛围的营造，都需要文案来呈现。而要写出一篇让人流口水的美食打卡文案，必须对文案的结构安排进行设计，才能步步为营，占领用户的胃。一般美食文案的整体架构分为动机诱发、差异细节、体验感受三部分。

图4-22 大众点评内容撰写

1. 动机诱发

美食打卡文案在内容设计上，需要在软文开头就诱发更多用户有打卡的冲动。用引发食欲的开头抓住用户，用有画面感的文字来写开场白。通过描写店铺位置地点、特色、主打菜品等，用精练的摘要总结(至少50字)该店亮点。开头话术如图4-23所示。

```
____（地点）      ____（特色）         ____（菜品/菜系）

魔都？          正宗？排队？首家？    港式茶餐厅？

武康路？         可以看夜景？          牛排餐厅？

广州塔？         人均15元？吃到撑？    蟹黄面？芝士披萨？
```

图4-23　开头话术

然后用50字介绍一下店铺环境及落座前后的感受，强调家人或朋友享用的温馨与乐趣，通过照片突出环境和人群。导入话术如图4-24所示。

```
【排队】____（时间）去，有____人在排队；
【环境】整体环境是_____，有____（特色装置）可以____；

        极简ins风？         露天观景位 可以看到夜景？
        中国风家宴包厢？     屏风 可以尽可能私密地就餐？
        简单明亮的食堂？     大片的帽子墙 拍照出片效果很好？
                           开放式厨房 可以看到内厨状况？
```

图4-24　导入话术

2. 差异细节

一直以来，美食的口味是一个很主观的问题。就好像有人不爱吃香菜，有些人则非常喜欢吃香菜；有些人不喜欢吃辣椒，有人则无辣不欢。即使同一种食材，还是有许多等级、料理技术上的差别。所以，写美食打卡文案时，我们必须要好好说明产品细节差异在哪里，至少介绍三道菜来引发用户食欲，通过详细描写菜品名称、价格、食材、外观、制作过程、口味等来体现特色差异。评价话术如图4-25所示。

```
【菜品】：菜品名称  价格

·____（菜品/菜系）最注重____；

·不同于以往的____（菜品/菜系），他们家用的是____（特色制法/
吃法）；

·用____（装盘器皿）盛上来，分量____，____个人吃刚好；

·____（食材），经过____（烹饪手法）后，____（口感/外观）；

·要____（吃法步骤），能品味到____的口味。
```

图4-25　评价话术

在介绍菜品时，千万不能少了照片，通常选择纯粹以食物为主的照片，颜色使用暖色系，如图4-26所示。这时的文案，撰写方向以口感描述为主，比如："香辣带劲，劲脆够味。喷汁爽快,欲罢不能!"文字描述时多用动词,因为动作会让人有画面感,力道更足。也可以利用对话的方式撰写,比如:"你绝对没尝过的响脆咬劲,甜入你心的吮指美味。"

图4-26　诱人的配图

不同于一般产品,大多数食物的场景类似,如给家人吃的、聚会吃的、零食小点或主餐饱食,因此很容易遇到竞品有相同的定位。这时候就必须有不同的切入点。比如"吃的方式",一款食物单吃总有腻的一天,但如果为它创造更多吃的方法或变化,它就会成为大家每餐的必备。麦当劳新吃法打卡文案如图4-27所示。

图4-27　麦当劳新吃法打卡文案

3. 体验感受

现如今，很难找到完全独一无二的食物，所以在美食文案写作中，作者必须强调个人体验，这是让用户选择的依据。为什么选择这家店铺打卡，作者一定花费了许多心思，首先，可以简要说一下，不用复杂，单纯直接说出即可，如图4-28所示。

然后，对本次打卡进行一个小结，可以通过描述服务、适合人群、同类对比来突出作者此次打卡的满意度。总结话术如图4-29所示。

最后，文案结尾需要明确本次打卡店铺的位置、交通方式，如交通是否便利、位置好不好找等，如果店内有优惠活动，还可以写明详细的优惠规则；也可以关联相应的美食店铺，方便用户快速找到店铺位置，阅读更详细的信息，如图4-30所示。

图4-28　强调个人体验的打卡文案

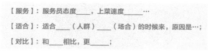

图4-29　总结话术

图4-30　打卡文案附加信息

(四) 写作技巧

(1) 打卡内容禁止一切形式洗稿他人内容，包括餐厅简介。

(2) 文案内不能出现站外引导的文字或者图片(如二维码、其他平台的水印标志等)。

(3) 配图高清，具有格调或者浓浓的烟火气息，让食物层次感分明，可以配上动图，或者使用拼图的方式。

(4) 配色鲜亮，多使用鲜艳的颜色，看上去就特别让人有食欲。

(5) 使用美食类的小图标，更加符合主题。

(6) 打卡文案基本标准需要有标题、5张图片、300字内容，并且关联美食商户。

(7) 内容撰写时，第一段超过150字必须换行，不同阶段内容、菜品内容需要用符号、表情、换行进行分隔。

项目实施

实训演练

学一学
扫码看视频

实训任务4-3　打卡文案策划

1. 实训目标

通过本任务的训练,学生能够了解打卡文案的写作流程,掌握图文内容创作方法和技巧,能够撰写美食、景点的图文打卡内容。

2. 实训背景

金华万佛塔始建于北宋嘉祐七年(1062年),初名密印寺塔,因其塔身镶嵌着数以万计的佛像砖雕而被百姓称为万佛塔。它是古金华城的地标性建筑,明代金华府治图和清代金华府城图中都能见其身影。万佛塔在金华城伫立近千年,最后倒在抗日战争最为艰苦卓绝的岁月里。2013年,市政府在规划"三江六岸"景观时,将万佛塔纳为"十景"之一,即"万佛迎宾"。2013年,新万佛塔设计完成;2014年,启动复建;2019年12月31日,正式对外开放。

HOHO餐厅是金华一家主打本地特色菜的热门餐厅,位于万佛塔附近的古子城景区,是大众点评中的金华江浙菜环境排行第一名。目前,该店大众点评4.2分,有3800条评价,餐厅经营状态良好。

请分别为金华万佛塔和HOHO餐厅策划并撰写一篇打卡软文,提高该地区暑期旅游热度。

3. 相关资源

(1) 大众点评。

(2) 小红书。

(3) 美团。

4. 实施步骤

(1) 以电商文案小组为单位,填写任务记录单(见表4-10),并完成下列操作内容。

表4-10　任务记录单

实训时间	
实训地点	
小组成员姓名	

(2) 在百度、大众点评、小红书等平台搜索金华万佛塔,了解万佛塔历史、票价、位置、周边游玩路线等,探讨并确定打卡内容,并构思创作主题。

(3) 在美团、大众点评、小红书等平台搜索HOHO餐厅详细信息,了解餐厅主打菜品、周边环境,挖掘餐厅特色,探讨并确定打卡内容,并构思创作主题。

(4) 准备创作所需要的素材,包括图片、文案等。

(5) 运用已学习的打卡文案写作技巧,分别写一篇美食打卡软文和景区打卡软文。

5. 实训评价

实训评价内容、评价方式及对应的分值见表4-11。

表4-11 实训评价表

评价内容	分值	小组互评	教师评价
为打卡各选择5张图片，符合平台发布要求，且质量高	20		
标题符合打卡内容定位且有吸引力	10		
能够创作出符合要求的图文内容	20		
能提炼出景点、餐厅特色	10		
能结合自身经验对打卡地进行推荐	10		
图文内容能提高景点、餐厅热度	10		
不抄袭，内容真实	5		
使用更加符合主题的小图标	5		
团队成员合作，共同完成任务	10		
总分	100		

⚙ 电商文案工具表

工具表4-3　景点/餐厅打卡文案

图片类型					
选择图片					
标题	
动机诱发	摘要： 排队： 环境：
差异细节	景区/菜品等模块：
体验感受	服务： 适合： 对比： 位置： 交通： 优惠：

任务四 种草文案

学一学
扫码看视频

知识学习

引例

万物皆可"种"

小红书 App 是网络用户熟悉的用户原创内容平台之一,用户既可以通过视频、图文等形式进行内容分享,也可以通过搜索功能,找到所需产品的相关信息,以配合其消费选择。在小红书中曾有这样一个热门话题"宿舍党必囤"(见图4-31),话题浏览量达2.6亿次,泡面、饼干、蛋糕、护肤品、生活用品等都成为宿舍大学生"种草"的对象。在话题中热度最高的一篇软文拥有13万点赞、7.9万收藏和一千多条评论,并有大量粉丝给出"已种草""在哪买?""已下单,好吃"等评价,如图4-32所示。

图4-31 "宿舍党必囤"话题内容

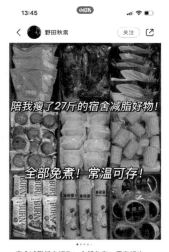

图4-32 种草类热门软文

大二学生小杨同学说:"每次想买某类产品但不知道买什么品牌时,我都要在小红书上做好功课,看一看产品的相关评价,问问已经买过的人,从而找到最适合自己的产品。比如,之前我要买笔记本电脑,小红书这样的平台就给我很多建议,我还可以在上面提问题,会有很多热心网友帮我解答,如果遇到我知道的答案,我也乐于分享给别人,在平台上大家是互相信任和认可的。"

【资料来源:作者根据相关资料整理】

【引例分析】像小杨这样年轻的网络群体有很多,产品的种草文案在他们中具有一定的影响力，小红书、知乎等已成为用户原创内容平台中"种草"式传播的火热集中营。用户的购买动机不再只因需求而产生，很大程度上开始来源外在的影响，即便一开始用户对某一产品不感兴趣，经过"种草"者的包装和品牌传播内容的广泛传播，也可能促使受众产生情感动机，从而进行消费行为。

一、种草文案概述

(一) 种草文案的定义

"种草"是当下消费社会逐渐衍生出的互联网词语，多在网络社交场景中广泛运用。其语境类似于我们熟悉的"推荐"，同时它还衍生出"拔草""长草"等多种词汇。

"种草"是一个过程，是指传播者有目的性地将搭载品牌和产品信息的内容传递给消费者，同时影响消费者的心智，让消费者对某种事物产生占有欲的心理过程。"种草文案"是在网络社区向接收者传递某种商品值得购买的信息的行为，大多传播者借助小红书、知乎等用户原创内容平台，借助文字、图片等方式分享个人对产品或事物喜好、厌恶等情绪，最终影响用户受众。传播者可以是消费者，是自身购买使用过商品后，公开发表看法并对他人产生影响的人；也可以是影响力较大的品牌发言人，其本身不一定是品牌的消费者。

在众多消费渠道和海量商品信息中，越来越多的消费者不再愿意耗费过多时间和精力从中挑选。而种草文案简明直接，能够给予受众一目了然的视觉效果，由传播者将产品特征精练化，分析并判断受众可能会出现的购买动机(有理智、情感和惠顾三种)，梳理传播者本人对产品的态度、想法、逻辑和倾向后，根据受众的购买动机编写种草产品的侧重点，从而影响消费者购买行为，使消费者产生想要购买的理性需求行为、情感分享行为、价格惠顾行为。

(二) 种草文案的类型

通过调查消费者购买欲望的形成，我们发现81%的受访者表示来自家人、朋友、同事等人的评价会直接影响他们的购买决策，所以口碑对产品的种草有着关键作用。当前主流的种草文案有以下几种。

1. 开箱种草

开箱种草是传播者用主视角对所购买的产品，从拆包裹、开箱、试用到评价，全方位展示产品的过程。它是一种非常直观的种草模式，既可以满足用户的好奇心，又可以激发用户对品牌的好感度和购买欲。图4-33为小红书平台上开箱内容，较多的有沉浸式开箱、礼物开箱、快递开箱等。

2. 试用种草

试用种草一般是对美妆、小家电等产品进行种草营销，传播者通过亲自试用产品后，向用户分享产品的功能、特点、使用感受等信息。在这个过程中，分享者会对比使用前后的效果以提高真实性，并且更全方位、立体地向用户传递产品信息，如图4-34所示。

图4-33 开箱种草内容示例

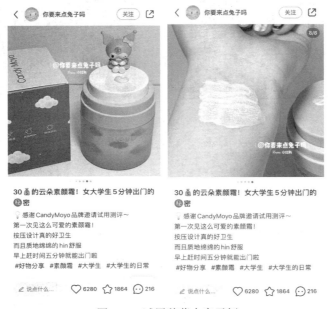

图4-34 试用种草内容示例

(三) 测评种草

测评种草是传播者利用一定的知识储备和理论依据,针对多个同类产品进行测试,通过对比外观、性能、功效、使用感受等方面信息,对产品进行测试结果排序或再进行更深层次评价的行为。相比其他形式的种草,测评种草门槛更高,客观性和可信性也相对更高，能更有效地促进种草转化。如图4-35所示，该篇文案为同一个产品在不同店铺不同价位的测评，通过这样的横向对比，可以更好地让消费者了解同类型产品的差异，从而做出购物决策。

(四) 清单种草

清单种草是传播者设定特定主题，汇聚多种产品进行推荐的行为。清单种草可以将推广产品更自然地植入，削弱品牌的广告痕迹，有效规避用户反感情绪，能更有效地进行粉丝购买转化。更多的产品品类分享，也使清单种草成为内容更为丰富的种草方式。如图4-36所示，这篇围绕着开学主题的清单内容，通过罗列大一新生需要准备的各类物品，来帮助有需求的用户进行物品的准备，具有一定的实用性。

图4-35　测评种草内容示例

图4-36　清单种草内容示例

二、种草文案写作技巧

在内容电商的时代，各大平台对内容种草的热度居高不下，很多原本从未听说过的产品，转眼间就靠种草成为人人追捧的网红产品，获得了爆发式的销量增长。也有些品牌，虽然360°无死角展示产品优势，却收效甚微。所以，到底什么样的种草内容能吸引消费者来看？本节就来谈谈种草文案的写作技巧。

(一) 确定内容方向

种草文案有三类内容写作方向：第一是生活场景类；第二是知识干货类；第三是实验测评类。

1. 生活场景类

生活场景类文案，是指在特定场景下营造出随手拍、记录生活的感觉，帮助消费者产生很强的代入感，通过生活中常见的体验或场景，引发消费者的需求共鸣，从而实现产品种草。生活场景类种草文案常见于分享个人生活的平台，如小红书、微博等。如图4-37所示，小红书账号"是Lee啊"的大部分内容就是采用设定生活场景的方式，如"春天简约通勤穿搭""冬日保暖穿搭"等，引发受众对产品的好感和共鸣。

2. 知识干货类

这类文案方向有很强的技巧性、经验性、科普性，主要围绕"怎么办""怎么挑"两种角度来撰写，指导消费者解决生活中遇到的某种问题，如"遇到电信诈骗怎么办""哪种维生素C值得买"。这些问题对于普通消费者来说有一定的难度，而专业博主可以凭借自己积累的经验，或者引用专业知识，为消费者提供有用的信息。知识

图4-37 生活场景类种草账号示例

干货类种草文案常见于知乎、垂直类论坛、微信、小红书等。如图4-38所示，小红书账号"老爸评测"通过知识分享，科学、客观地对产品进行评价，从而为消费者种草。

图4-38 知识干货种草账号示例

3. 实验测评类

从种草到拔草是让消费者对产品产生认同、信服、购买决策的过程。实验测评类文案类似于让消费者"眼见为实"，通过试验、前后对比、成分分析等方式满足消费者寻根究底的心理。这类文案更适合推荐功能性、科技性的产品。某实验测评类种草文案如图4-39所示。

图4-39 实验测评类种草文案示例

在确定内容方向前,我们可以先筛选目标用户,通过测试来分析意向用户最爱看的是哪一类的内容,从而把专业的、精准的内容种草给这些目标用户。当然在内容种草的实践中,我们也经常会根据产品特性或消费者心理将生活场景、知识干货这两类内容相结合,以便完成从兴趣到购买决策的转化,让消费者边看边买。想要找准切入点,产出符合"边看边买种草法"的内容,一般可以通过"产品三问"和"消费者三问"(见图4-40),找到产品与消费者的连接点,制作种草文案提纲。

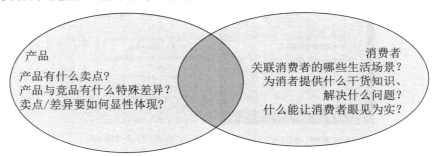

图4-40 "产品三问"和"消费者三问"

(二) 给产品取昵称

在做种草内容时,用户对产品名称的记忆点非常重要,如果用户很难对产品有一个清晰的记忆,那么种草也就失败了。如"红妍肌活精华露"在刚推出市场时一直红不起来,直到"红腰子"这个名字被大家流传起来,这款精华液才被用户记住。所以基于产品的特色卖点与使用场景,给产品起一个方便记忆的昵称,可以第一时间抓住消费者的注意力。我们可以用以下几种方法给产品取昵称。

第一种是根据产品外观取昵称。如雅诗兰黛"小棕瓶"眼霜、兰蔻"小黑瓶"精华、YSL"小金条"口红、欧莱雅"小钢笔"唇釉等。

第二种是根据产品的成分、功效取昵称。这种方法尤其适合美妆、护理类产品，如紫苏水、鱼子面霜、牛油果面霜等；又如V脸精华、熬夜眼霜、紫熨斗等。

第三种是借"梗"起名。如Shiseido被叫做"许三多"、YSL被叫做"杨树林"等。

当然有的产品可以集合以上几种方法起名，或联合明星来命名，比如某明星同款外套、某剧同款色号的口红等。

(三) 拟定标题

种草文案的标题和淘宝的标题不同，它是一句完整的、有逻辑的话，而不是单纯的名词进行组合。但在拟定种草标题时，为了能让更多精准用户搜索到内容，也需要将种草的品牌或品类名体现在标题中，如图4-41所示。

图4-41 种草标题示例

为了让标题更精确、更具有吸引力，还可以搭配"消费人群定位+明确价位区间""使用场景+推荐人群""名人+真实体验""潮流+产品名""选题+关键词""品类+产品名"等来展开，如表4-12所示。

表4-12 种草标题方法及举例

方法	示例
消费人群定位+明确价位区间	"大一吃货"+"10元以下小零食"
使用场景+推荐人群	"熬夜"+"宿舍党必备"
名人+真实体验	"李××"+"冬日皮肤救星"
潮流+产品名	"国风"+"马面裙"
选题+关键词	"护肤"+"油皮、闭口"
品类+产品名	"保湿喷雾"+"雅漾"

符号也是标题中的常见元素(在标题开头一般不出现符号)。在标题中可以用一些简单的符号或表情来凸显重点,如""【】等。但过于复杂的emoji表情或其他表情符号,包括话题类符号#XX#、@符号等,都是不建议出现的。

(四) 选择图片

在种草文案中,图片的选择也是至关重要的。头图[①]最好能与标题相呼应,能直接明确主题,头图可以选择拼接图,这样不仅美观、好看,还体现多个产品和重点文本内容。图4-42为某篇种草文案的头图页面,该图片就采用拼接的形式展示产品合集,并将标题文案和图片结合起来。

配图可以根据后续文案内容选择,可选择单个产品特性展示图,也可选择产品使用效果图。

准备上传图片时,要再次检查图片的清晰度、是否出现第三方水印,以及图片顺序和文案内容是否错位等。某种草文案头图及配图如图4-43所示。

图4-42 某种草文案头图

图4-43 某种草文案头图及配图

---

① 头图,是指文案配图中的第一张图,这张图片往往会展示在文章最显眼的地方。例如小红书平台,用户在浏览平台推荐内容的过程中,头图和标题一起呈现在用户面前,用户往往会根据头图的质量来决定是否点击这篇文章进行阅读

(五) 设计文案内容

设计内容是决定种草成效的重要一环。基于产品特性，结合消费者爱看爱买内容的特点，产出精细化、定制化内容，才能俘获消费者的心智，成功种草。种草文案的整体架构一般分为刺激痛点、竞品对比、场景唤醒和试用体验4个部分，具体内容设计根据产品特性、消费者心理和逻辑关系进行顺序排列并突出重点。

1. 刺激痛点

有些创作者在写内容种草文案时，会把所有的卖点360°呈现，生怕产品不够完美，但其实这么做反而让用户看不到产品的亮点，没有亮点就意味着没有记忆点。所以最好的办法是选择一两个核心卖点来吸引用户注意。这里的卖点指的就是痛点或痒点，如果挖掘到的痛点能被很多人种草，就意味着产品更容易被大家所接受，最终形成购买。

在挖掘用户痛点时，创作者可以先换位思考，去想一想生活中用户可能会遇到的麻烦，然后用你的产品"拯救"他们的痛点，让对方感觉找到了"大救星"。如种草一款午睡床，以"打工人办公空间小，趴在桌上午休，手麻、脖子疼"为痛点，立马将用户带入这种"难受、痛苦"体验中。最后，介绍你的产品是怎样解决这些问题的，再搭配限时限量、买赠送礼、产品稀缺等促销手段，引导用户立即下单。

2. 竞品对比

在种草的过程中，有对比才有优势，所以很多文案都会选择找出竞品的缺点，再对比自身产品的优势，最后引导用户下单。为了不使对比过于刻意，内容中可以优先阐述所推荐产品类型的总体优势，让别人看到它的价值所在，再找出竞品的"缺点"，引起用户的共鸣。如"物理防晒相对安全，能保护你的皮肤免受紫外线的伤害，像知名品牌A的物理防晒霜，价格实惠、防晒效果90分，但是夏天用起来非常油腻，给人一种皮肤无法透气的感觉"。这时再突出竞品和自家产品的差异，最后强调产品的优势以及使用感受，引导用户下单，如"B品牌的防晒霜质地轻薄不黏腻，更适合大油皮，涂抹以后皮肤完全没有负重感"。

在对比竞品时，文案内容应简单直接，尽量使用用户能够听得懂的词去解释或者说明。如种草一款香水，若描述"它是以黄葵籽为基调的调香"，可能很难被理解；若描述"它的味道很甜，就像吃的水果糖一样"，就能将信息更明确、更直接地传递给用户。

3. 场景唤醒

场景唤醒从时间、地点、人物等因素出发，帮用户想到使用产品的各种场合；再告诉用户在这些场合使用产品，会产生哪些美好体验，让用户满怀期待；最后引导用户下单。如种草一盏灯笼，可以描述"在中秋节晚上的灯会，你穿着汉服，提着小兔子灯笼，就像穿越回了繁华的唐朝街道，哪个小朋友见到你不会惊叹地叫你一声'嫦娥姐姐'呢？"再如种草一件连衣裙，可以描述"在夏天的海边，湿热的海风吹着你的脸，你穿着这件白色连衣裙，裙摆随风飘动，一定可以拍出很多好看的照片"。

4. 试用体验

几乎所有的种草都是建立在信任的基础上的，所以种草的内容要给用户足够的信任感。个人使用体验是建立信任感比较好的一种方式，尤其是一些无法通过外观看到的产品，更是如此。试用体验是自己先试用产品后，通过展示效果，并分享自己的感受，以激发别人的购买欲望，所以文案内容相当于撰写自己的体验报告，要将种草的产品、价值等展现，内容信息要求真实客观。

三、种草文案话术

种草文案的内容话术在一定程度上可以让文案更具互动性和共情力，一般可以使用并列、递进、转折、承接、因果、条件、假设等关系，如表4-13所示。

表4-13 种草文案话术表

逻辑关系	标志词语	举例
并列关系	一种是……一种是……	世界上只有两种人：一种是喜欢螺蛳粉的，一种是还不知道自己喜欢螺蛳粉的
	你负责……我负责……	你负责微笑，我负责研发
	三分……七分……	三分天注定，七分靠××牌美白精华液
转折关系	没有……只有……	没有完美的身材，只有好看的衣服
	哪有……只是……	哪有什么天生丽质，只是我们天天敷面膜
递进关系	有多……就有多……	你有多热爱生活，生活就有多精彩
	不是……而是……	每天叫醒我的不是闹钟，而是××牌早餐饼
		伟大的反义词不是失败，而是不去拼
假设关系	如果没有……	如果没有联想，世界将会怎样
	不是所有的……都……	不是所有的牛奶都叫特仑苏
肯定关系	让天下没有……	让天下没有难做的生意
	……不可兼得	痘痘和××牌面膜不可兼得
	就是……	买保险就是买平安
	……就是最好的……	早睡就是最好的面膜
因果关系	因为……所以……	因为专注，所以专业

项目实施

实训演练

实训任务4-4　种草文案策划

1. 实训目标

通过本任务的训练,学生能够了解种草文案的写作流程,掌握图文内容创作方法和技巧,能够撰写当下主流的开箱、试用、清单等多种形式的种草文案。

2. 实训背景

内容种草营销的方式给很多小品牌发展的机会,因为这种方式不用花费太多的宣传营销费用,宣传效果却很好,只要产品有受欢迎的点,就能够让产品快速地获得用户的认可。

虽然这种内容种草营销方式很好,但也不是所有产品都适合这样做。做种草软文营销的产品一定要有独特的特点,这样才能吸引用户注意。

请选择一个适合的产品,打造产品的内容种草点,结合所学知识进行种草对象定位及产品定位,并撰写一篇种草软文,提高该产品的热度。

3. 相关资源

(1) 知乎。

(2) 小红书。

(3) 大众点评。

4. 实施步骤

(1) 以电商文案小组为单位,填写任务记录单(见表4-14),并完成下列操作内容。

表4-14　任务记录单

实训时间	
实训地点	
小组成员姓名	

(2) 在淘宝、天猫等电商平台搜索适合种草的产品,了解该产品的特性、优势、竞争对手等信息,挖掘并确定一两条产品痛点,并构思创作方向。

(3) 根据"产品三问"和"消费者三问"找到产品与消费者的连接点,制作种草文案提纲,完成表4-15。

表4-15　某产品种草文案提纲

产品名称		
产品三问	产品有什么卖点	
	产品与竞品有什么特殊差异	
	卖点/差异要如何显性体现	
消费者三问	关联消费者的哪些生活场景	
	为消费者提供什么干货知识、解决什么问题	
	什么能让消费者眼见为实	

(4) 准备创作所需要的素材,包括头图、配图、标题等。

(5) 运用已学的种草文案写作技巧,为你小组选择的产品写一篇种草软文。

5. 实训评价

实训评价内容、评价方式及对应的分值见表4-16。

表4-16 实训评价表

评价内容	分值	小组互评	教师评价
为种草选择适合的图片,符合平台发布要求,且质量高	10		
标题符合种草内容定位且有吸引力	10		
能够创作出符合要求的文字内容	20		
能提炼出产品的种草点	10		
能结合自身使用经验分享产品特性	10		
能精准定位产品种草对象	10		
能选择合适的竞品进行对比	10		
能描绘产品的使用场景,创造客户的使用想象空间	10		
团队成员合作,共同完成任务	10		
总分	100		

电商文案工具表

工具表4-4　产品种草文案

标题	
图片	
种草对象	
种草产品	
产品定位	
刺激痛点	
竞品对比	
场景唤醒	
试用体验	

任务五　社交文案

扫码看视频

知识学习

引例

中医养生文化的社交传播

中医养生馆是传播中医养生理念和方法的平台,倡导通过中医养生为用户创造健康生活。为了引起人们的注意和传播,中医养生馆曾在公众号、微博官方平台中发表了一篇精美的软文《还在熬夜吗?你会老的!早睡做不到,那么喝下这碗汤吧》,不仅简洁,更触动了熬夜人们的痛点,在用户忧心忡忡的同时,又点燃了希望。人们迫切想知道哪种汤可以解决这个问题,于是出于好奇点开文章。文章用通俗易懂的语言解释了熬夜会变老的原因,然后将老中医的养生建议娓娓道来,最后讲解了这碗汤的来源,以及这碗汤的详细成分和制作方法。通过阅读这篇文案,人们不仅可以得到养生的方法,还可以转发给朋友,让更多的亲朋好友知道秘方。因此,中医养生馆的名字被更多网友知晓,提高了账号原有的知名度,扩大了影响力。

【资料来源:作者根据相关资料整理】

【引例分析】以微信、微博等为代表的社交平台中聚集了强大的用户群体,其覆盖范围非常广,许多企业都注册了自己的官微、官博、公众号等,在知名度没有达到一定程度的情况下,中小型企业使用社交平台进行软文内容营销是最好的选择。

社交软文营销也成为网络时代主流的营销方式。成功的社交软文营销案例有很多,软文营销也越来越受到企业的重视。社交平台软文营销有着即时性强、传播性强、精准度高、亲和度高的优点,这是一般推广不能比拟的。社交平台软文传播会犹如原子核裂变一般,由一个人传给一群人,这群人中的每一个人又传给另外一群人,一条关注度较高的微博发出后,短时间内就能被用户转发至微博世界的每一个角落,这种高速传播恐怕任何媒体都难以做到。

一、社交文案概述

社交平台是基于用户关系的新媒体形式,用户可以通过PC、手机等多种移动终端接入,以文字、图片、视频等多媒体形式,实现信息的即时分享、传播互动。平台往往基于公开的架构,提供简单快捷的方式,使用户能够公开实时发表内容,通过裂变式传播,让用户与他人互动并与世界紧密相连。作为继门户、搜索之后的互联网新入口,社交平台改变了信息传播的方式,实现了信息的即时分享。

社会化传播渠道也开始向社交平台倾斜,社交文案相较其他文案类型更有社交感,不仅具有其他文案所拥有的品牌价值,还具备用户与用户之间的传播价值,从而更好地巩固品牌形象在消费者心中的地位。

(一) 社交文案的特点

1. 更具个性化

个性化是社交文案的一大特点，多样化的社交平台可以为每个人都提供传播文案的渠道，消费者可以通过平台表达自己的观点，分享并传播自己关注的信息。所以文案内容就更需要根据商家对品牌和商品的消费群体定位来写作，更具个性化。

每年6月是电商行业心照不宣的促销大季，在各大平台的营销文案短兵相接时，京东官方微博上出现了一条挑战帖"别闹，把你无聊战书捡回去，泄密邮件收起来；6月有，且只有京东"。苏宁易购随即回应"别慌，不敢接战书，现在准备好了吗？我等你。心慌了吗？还有呢"。接着各电商巨头纷纷隔空叫阵，一系列"别"字体："别闹""别吹""别慌""别装"，腾空出现，文案中没有产品信息，没有折扣力度，以一种最简单、快速的个性化方式吸引了年轻人的注意，加深了消费者对"6·18"的关注。

2. 具有极强的互动能力

社交平台与消费者之间具有强大的互动性，社交平台中所有人都成了信息的发布者。信息发布者在各种社交平台上向消费者传播文案内容的同时，还可借助平台直接与消费者进行沟通互动，并能随时接收反馈信息。这样既进行了信息的传播，又为消费者提供了更好的售后服务。所以，社交文案作为推广的载体，同样具有互动性强的特点。

3. 具备主动传播价值

社交文案更容易被消费者主动传播。首先，社交文案具有的一大特点就是能分享内容，那些更优秀、更受欢迎的内容会被大量分享、转发、讨论。例如，在文案中引用热门的体育赛事，文案就可能被喜欢和关注该运动的消费者主动分享；在文案中引用网络中最近流行的词汇和热点事件，文案就可能被紧跟潮流的年轻消费者主动传播。

其次，消费者的从众心理会使被分享文案得到更多的传播与讨论。例如，华为手机的折叠屏技术关注的人很多，因此，一旦社交平台中出现涉及相关内容的文案，有些人即使不买相关产品也会参与分享和讨论。另外，若文案当中的信息具有实用价值，满足了消费者的某种需要，如了解了健康的生活方式、科学的产品使用方法等，也会促进消费者主动传播。

(二) 社交文案的类型

1. 微博文案

微博文案是指在微博平台上发布的带有营销色彩的文案。根据营销主题的不同，微博文案可以分为个人品牌营销文案、企业品牌营销文案、产品营销文案、活动营销文案。需要说明的是，这4类文案的界线并不分明，有时候一则微博文案里面既强调了产品卖点，又突出了品牌特点，属于融合了产品和品牌的综合性营销文案。某品牌微博文案如图4-44所示。

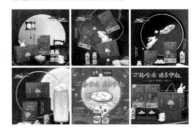

图4-44　某品牌微博文案

2. 微信朋友圈文案

微信是我国流量最大、使用人群最广的移动社交平台。微信朋友圈面对人群仅支持用户好友，所以它有着强社交性和弱传播性的特征。但基于"熟人经济"的考虑，人们往往更容易相信熟人的推荐，所以朋友圈文案的基础是熟人关系和信任感，传播者以个人身份做背书，文案内容一般篇幅短小、言简意赅，符合朋友圈用户快速阅览的阅读习惯，如图4-45所示。

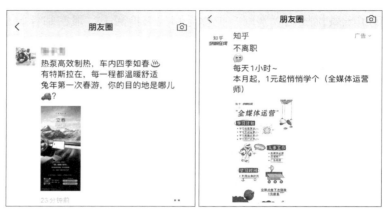

图4-45 微信朋友圈文案示例

3. 微信公众号文案

微信公众号是腾讯公司在2013年推出的，所有个人或机构都可以注册微信公众号作为新媒体营销媒介，具有普适性和大众性。通过向已经关注公众号的粉丝推送文章，并实现全方位沟通、互动、销售转化的文案即称为公众号文案。依托微信强大的社交传播力量及公众号用户"长文深读"的阅读习惯，个人或企业利用公众号发布文案能极大地降低推广成本，有效提升品牌的知名度。某微信公众号文案如图4-46所示。

图4-46 某微信公众号文案

4. 社群文案

社群是指拥有相同爱好的、对某种事物的认知相似、可以进行集体行动并且成员之间存在一定连接的群体。社群可以存在于微信、QQ、微博等一系列有建群功能的平台。某社群文案如图4-47所示。

在社群运营的过程中，文案创作者需要针对不同的营销目的撰写文案，无论文案涉及的产品如何变化，文案均需以契合社群定位、满足社群群体需求为基本原则。社群文案是为社群服务的，是随着社群的在而存在的，并且只面向社群成员。社群文案不仅拉近了用户与品牌之间的距离，而且品牌商可以实时促进产品的销售，提高了用户留存度，增强了用户黏性。

图4-47　某社群文案

二、社交文案写作技巧

(一) 微博文案写作技巧

微博是一个注重时效性和随意性的平台，具有及时性、交互性、海量化、碎片化和广播化等特点。所以微博文案的写作技巧包含以下几个方面。

1. 内容精练

虽然单条微博的字数上线是2000字，但是在信息流的显示字数只有140个字，并附上"显示全文"的提示。单击这个提示后，才可以看到完整的超长微博内容。所以在编写微博文案时尽量不要使用大量的文字，使用简单易懂、能让消费者迅速理解的文案内容，从而达到快速传播的目的。

2. 主题明确

微博文案需要有一个明确的主题，这样消费群体的定位和写作目标才能更加明确。如图4-48所示的微博文案所展示的主题是推广七夕新款眼妆，文案针对的是有爱美之心的少女人群，因为是新品推广，所以文案内容以产品介绍为主。

3. 关注话题

在微博文案写作中，创作者要实时关注热门话题和热点事件，利用热点作为切入，引发热度和关注。文案内容可以将热点话题的核心点、产品的诉求点、消费者的关注点进行融合，引发用户的自主传播行为。

(二) 微信朋友圈文案写作技巧

发布在微信朋友圈的文案面向的都是私域好友，是建立在"熟人经济"上的强关系，其内容的传播不像微博一样公开，具有一定的私密性。所以

图4-48　某品牌七夕主题微博文案

朋友圈文案有一套独特的话语体系，一般包括以下几个常用的写作策略。

1. 自我分享

朋友圈就像一张社交名片，没有人会在自己的名片上印满广告。体面的名片上，展示的应该是个人姓名、工作职位、身份标签、业务范围等。这就意味着朋友圈文案想要为产品背书，就要拥有清晰的身份定位，才能获得私域信任。

朋友圈文案可以将产品的使用体验与自身的日常生活相关联，用原创图文、视频的形式营造真实、友好的场景，通过不断强化自身的身份定位，获取私域流量好感与支持。如图4-49所示，某甜品店店主通过在朋友圈分享日常工作，让私域范围内的好友更加了解他。

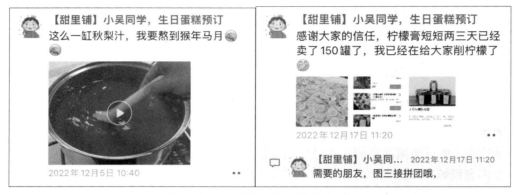

图4-49　某甜品店日常朋友圈文案

2. 巧用表达方式

朋友圈文案与私域好友建立信任的表达方式有以下几类。

(1) 描述类表达方式，即通过细节描写、叙述等方式，借助生动细腻的描绘和刻画来渲染情绪，从而达到促进产品销售的目的。如图4-50所示，通过蓝莓干制作过程和制作材料的描述，让好友更加了解产品，并对该产品产生良好印象。

图4-50　描述类表达方式文案

(2) 故事类表达方式，即通过讲故事的形式传递产品和价值，设置简单的人物和情节，写出产品使用前后对比或解决问题的过程，从而达到宣传的目的。这样的文案可以将私域好友带入同样的场景中，消除他们的戒心，增加信任，如图4-51所示。

图4-51　故事类表达方式文案

(3) 文艺类表达方式，即使用诗歌、散文、小说、童话、戏剧等各种文艺形式，在文案中植入产品的性能、优点，以引起好友的兴趣，如图4-52所示。

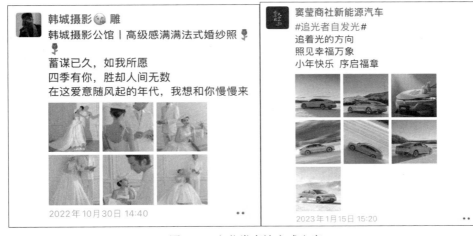

图4-52　文艺类表达方式文案

3. 连续展示

朋友圈虽为私域流量平台，但并不意味着所有微信好友之间都具有非常可靠的社交关系，同时，潜在用户的付费意识和习惯也需要培养。因此，朋友圈文案需要保持一定的发布频率。有节奏地更新朋友圈内容，既可以增加文案被微信好友关注到的可能性，又不至因曝光过于频繁而招致微信好友的反感。

(三) 微信公众号文案写作技巧

微信公众号文案通常由封面图、标题、摘要和正文组成，各部分的写作技巧如下所述。

1. 封面图写作技巧

微信公众号的封面图是对文案内容的一个简要说明，能快速吸引用户的注意。好的封面图能引发用户潜在的浏览欲望。封面图主要分为单图文和多图文两种类型。单图文尺寸较大，展示的图片内容较为丰富，可着重进行设计，以加强图片对消费者的吸引力，如图4-53所示。多图文在公众号消息栏中，通常每篇文案右侧会对应一张封面图，如图4-54所示。多图文尺寸较小，不建议添加文字内容，应尽量保持图片的简洁和直观。

图4-53　微信公众号文案封面1　　　　图4-54　微信公众号文案封面2

2. 标题写作技巧

公众号文案的标题能够直接引起用户的浏览兴趣，为了使公众号文案的标题更具有辨识度，可在标题前使用竖线"|"或方头括号"【】"将关键词或不同类型的文案分隔开，这样可以更好地打造公众号的个性化风格，以便进一步强化潜在消费者对品牌或商品的印象，如图4-55所示。

图4-55　微信公众号标题

3. 摘要写作技巧

摘要是公众号文案封面图下的一段引导性文字，一般为50字左右，可以帮助用户快速了解文案的主要内容。所以摘要需紧扣主题，根据标题和正文内容来写作。若是营销活动文案，可将具体优惠信息和打折内容作为摘要来吸引用户；若是品牌或商品推广文案，可将品牌精神、商品卖点或消费者的好评等作为摘要。也可以把从正文中提炼出的简介或主要看法作为摘要进行展示。

4. 正文写作技巧

公众号文案需要通过巧妙的文章结构、生动形象的语言描述，来逐步引导消费者信任和接纳产品。通常写作公众号文案的正文有以下三个技巧。

(1) 以商品为核心。正文以商品为贯穿全文的核心，即开头直接介绍商品，向消费者展示商品的功能和卖点。产品功能和卖点可以逐一列出，再分别介绍，使用文字与图片相结合的方式，通过详细的说明、亮眼的词汇以及直观有趣的图片来充分展示商品、服务的卖点，以吸引消费者的关注。也可以在文案开头将核心观点单独列出来，再从能够体现观点的各个方面进行扩展讲述，使文案始终围绕一个中心点来表述信息。使用核心扩展法写出的文案很少出现偏题或杂乱无章的问题，这种文案对消费者的引导作用也更强。

(2) 借故事来引导。公众号文案还可以通过故事讲述引导消费者思路，引出商品。故事性引导要保证故事情节的合理性，找到产品与故事内容的关联之处，这样才能方便植入商品。

(3) 借兴趣点来切入。干货、时事热点、健康等都是人们感兴趣的话题，借助这些内容写作的文案更容易获得消费者的关注。文案创作者要根据公众号的定位，结合网络流行趋势、商品卖点和消费者喜好，选择文案主题并进行商品植入。

(四) 社群文案写作技巧

社群作为志同道合人员的网络聚集地，能够为群成员提供信息价值、情感需要。如读书打卡群的价值是让群成员养成读书的习惯；品牌福利社群的价值是提供群内成员专属的优惠。

基于社群成员之间较为稳固的关系，社群文案往往可以直接明了地引导社群成员的行为。如读书分享社群，新成员往往一开始还未建立互动和分享习惯，只是默默关注群内动态，这时就需要群主通过明确的指令，引导成员参与进来。此外，还可以利用限时、限量的福利来增强成员黏性。社群文案话术如表4-17所示。

表4-17 社群文案话术

类型	文案要点	文案模板
欢迎文案	(1) 欢迎词 (2) 修改昵称 (3) 自我介绍	欢迎各位小伙伴参与咱们的健康饮食打卡群，请进群的小伙伴们尽快把群昵称按"昵称-职业-城市"的形式进行修改，积极做自我介绍有利于大家更好地熟悉彼此！我是本群群主，希望和大家一起进步，健康每一天
群规文案	(1) 公开违规行为 (2) 设置惩罚措施	为了维护我们群内的正能量和积极的氛围，希望各位小伙伴遵守以下群规：不传播负能量，不传播广告信息，保持积极向上，如被投诉则将清出群聊，谢谢大家的配合
福利文案	(1) 强调优惠价格 (2) 拉新免单或返现 (3) 优惠时间	来给大家送福利啦，在本周日前完成3次健康餐图片打卡的小伙伴，可以领取"双十一"××品牌代餐优惠券哦！30元可以买两大包代餐粉，超级划算！大家积极参与活动哦
互动文案(打卡、分享、接龙)	(1) 互动规则 (2) 互动报名 (3) 互动时间 (4) 互动流程	各位小伙伴，咱们为期14天的健康饮食打卡活动从明天就开始啦，本次活动计划50个名额，打卡时间本月6—19日，优秀小组可以获得免单福利哦！活动具体流程如下： (1) 活动分成10个互助小组，每5人为一组，形成互帮互助的氛围。 (2) 每日三餐按照要求完成图片打卡任务，最后全员打卡次数最多的小组获得优秀小组的称号

项目实施

实训演练

实训任务4-5　社交文案

1. 实训目标

通过本任务的学习,学生能够了解社交文案中社群营销文案的写作流程与方法,设计欢迎文案、群规文案、互动文案,增强社群成员黏性,提高转化率。

2. 实训背景

社群是指拥有相同爱好的、对某种事物的认知相似、可以进行集体行动,并且成员之间存在一定连接的群体。社群运营过程中,需要针对不同营销目的撰写特定文案,无论文案涉及的产品如何变化,文案都需要以契合社群定位、满足社群群体需求为基本原则。

以学习型社群为例,挖掘社群群体特点与需求,设计不同阶段的社交营销文案。

3. 相关资源

(1) 微信公众号。

(2) 微博。

4. 实施步骤

(1) 以电商文案小组为单位,填写任务记录单(见表4-18),并完成下列操作内容。

表4-18　任务记录单

实训时间	
实训地点	
小组成员姓名	

(2) 以小组为单位分析"读书鸟学习打卡群",分析群体需求及群体特征,填充群体画像一栏,如表4-19所示。

表4-19　社群分析

社群名称	读书鸟学习打卡群
社群目的	将想要读书学习的人聚在一起,群内输出文字、图片、海报、语音、视频、直播等方式,组织群成员一起学习、讨论问题等,并在学习阶段结束后,大家一起"晒"成果,相互提升继续学习的兴趣。社群通过设置限时、限量的福利提高成员黏性,完成销售转化
群体需求	有共同的学习需求,如考研、学英语、考教师资格等
群体画像	

(3) 根据"读书鸟学习打卡群"的目的、群体需求及画像,为社群编写社交文案。

5. 实训评价

实训评价内容、评价方式及对应的分值见表4-20。

表4-20 实训评价表

评价内容	分值	小组互评	教师评价
按照要求完成训练内容	5		
社群需求清晰，符合社群成员特征	10		
社群画像精准，能还原群体真实特性	10		
欢迎文案凸显社群价值，一目了然	20		
群规文案规则设置合理	20		
福利及互动文案有吸引力，能引导群体参与	30		
团队成员合作，配合默契，共同完成任务	5		
总分	100		

电商文案工具表

工具表4-5 社交文案

类型	文案要点	文案
欢迎文案	1. 欢迎词 2. 修改昵称 3. 自我介绍	
群规文案	1. 公开违规行为 2. 设置惩罚措施	
福利文案	1. 强调优惠价格 2. 拉新免单或返现 3. 优惠时间	
互动文案(打卡、分享、接龙)	1. 互动规则 2. 互动报名 3. 互动时间 4. 互动流程	

任务六　资讯文案

扫码看视频

知识学习

引例

伊利携手女足新生代，用热爱打破性别偏见

时隔四年，女足世界杯又来了！

2023年，北京时间7月20日15:00，第九届女足世界杯在新西兰奥克兰打响揭幕战。

相较于2022年男足世界杯开幕前铺天盖地的宣传及开幕时社交媒体上热火朝天讨论的景象，2023年女足的开幕略显冷清。不过也能够理解，相比男足世界杯近百年的发展进程，女足世界杯还非常"年轻"。在大家不太关注的地方，女足一直在进步。

2022年，中国女足绝境突围，时隔16年再夺亚洲杯冠军，将"铁骨铮铮"写进女足队魂。在中国姑娘出征世界杯前，伊利继介绍女足队员的短片"女足那个谁"后，又携手女足新生代运动员们拍摄了一条题为"凭热爱场上见"的宣传片（见图4-56），鼓励她们心怀热爱，不问输赢，场上相见。短片以一个年轻女生的疑问为起点，当女足队员面对质疑和疑问时，她们选择屏蔽负面声音，专注于自己的才能并做出有力回应。片中每个铿锵有力的回答都击碎了场外所有质疑，充分诠释"热爱"足以捍卫梦想，展现了女足队员们坚定自信的态度。

伊利的这支广告片通过展示女性对于"热爱"的执着所迸发出的无限能量，不仅向女足新生代致敬，更向年轻一代女性发出了呼吁：面对各种偏见，不要被别人的眼光束缚，勇敢追求梦想。

图4-56　"凭热爱场上见"宣传海报

【引例分析】 在社会中，新闻资讯与我们的距离越来越近，人们不再是新闻资讯的观察者，而是新闻的当事人。由此，通过对新闻报道或对新闻事件的追踪来传达企业或产品信息，也已经被众多读者所认同。所以，资讯类文案逐渐成为电商文案营销的重点工具。

一、资讯文案概述

资讯文案一般多出现在多样化内容聚合的展示平台，如今日头条(见图4-57)。此类平台拥有非常庞大的用户群体和流量，平台通过数据挖掘的智能推荐引擎，能快速为用户推荐有价值的、个性化的信息，吸引用户的关注、打动用户；同时以新闻资讯的方式编写文案，增加文案的可信度，使读者在阅读文案时不自觉地将其当作真正的新闻来接收。

图4-57　今日头条资讯文案

资讯文案的内容要尽量简单、接地气，并要运用场景化、经验化、故事化等写作技巧保持用户阅读的兴趣，如时事新闻、最新科技、生活小常识、奇闻趣事等。文案内容大众化且简单易懂，更容易被用户接受和传播。除此之外，资讯文案还要有实质性的内容，能够满足用户的相关需要。新颖的写作角度、丰富的情感表达、丰富的故事情节等都可以为文案加分，使文案获得更多的点击率。

一般资讯文案分为名人资讯、体育资讯、时事资讯和社会资讯。名人资讯可以考虑借助品牌代言人、名人推荐或名人同款等，利用名人效应获得更高的关注。体育资讯一般以新闻赛事的赞助和冠名为手段，以体育新闻来包装文案，从而进行深度传播。时事资讯，如2003年美伊战争的第二天，统一润滑油就利用该重大时事新闻写出"多一些润滑，少一些摩擦"的文案广告。社会资讯，如当中国"宇航第一人"杨利伟回到地球之后，相关新闻随即占领媒体，而蒙牛牛奶也因为其中国航天员专用牛奶的品牌身份，成功利用这条资讯进行了卓有成效的文案营销。

二、资讯文案写作技巧

(一) 寻找热点

资讯文案主要围绕社会热点进行文案创作，所以及时找到合适的热点新闻是写作的首要步骤。热点搜索可以使用以下几种工具。

1. 百度热搜

在百度热搜中可以找到实时更新的高关注度内容，如图4-58所示。

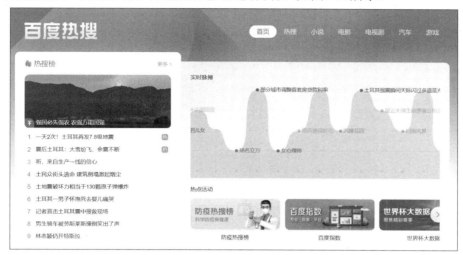

图4-58　百度热搜

2. 今日头条热榜

在今日头条中的热搜推荐及头条热榜中可以找到热点新闻、要闻、社会等方面内容，如图4-59所示。

图4-59　今日头条热榜

3. 微博热搜

在微博的热搜榜、要闻榜、文娱榜中也可以找到当下热点内容，如图4-60所示。

图4-60 微博热搜

(二) 拟定标题

拟定标题可以使用以下几种方法。

1. 提出问题+揭晓答案

先提出疑问引发用户思考，随后揭晓内容的价值，如《晒被子只能等太阳？除螨仪帮你分分钟搞定》。

2. 专业名词+认知颠覆

使用专业名词能够凸显内容的专业性，采用认知颠覆法给予用户新鲜感，如《小分子玻尿酸千万不能这么用》。

3. 痛点问题+引导解决

通过提出痛点问题将用户带入场景，随后提出解决方案给用户极强的获得感，如《手机内存总是不够用，如何科学整理手机内存》。

4. 描述愿景+解决方案

描述愿景能让用户充满期待，通过解决方案落地让用户感受到内容的实用性，如《学会四个技巧，让侧方停车不再烦恼》。

(三) 写好开头

文案的前三行往往是吸引用户继续阅读的核心，所以，写出吸引用户的开头是文案内容得以展示的关键。资讯文案开头一般有以下几种形式。

1. 故事型

以故事为开头，如讲述身边发生的故事，介绍电影、电视剧中的情节等。

2. 提示型

先抛出一个问题，引发用户思考，吸引用户继续往下看。

3. 清单型

拟定一个主题，以列清单的方式告诉用户内容。

4. 热点型

将内容与热门话题、热点事件、流量明星等结合，吸引用户注意。

5. 反常型

文案开头给出一个让人震惊或不可思议的事件，吸引用户继续阅读。

(四) 设计正文

1. 包含关键词

一些新媒体平台通过智能算法为用户进行内容的推荐，而内容创作者想要让自己的文案更容易被平台推荐，就需要在文案正文中增加关键词。平台对正文中的关键词进行识别和标记后，就会将文案推荐给阅读过类似文案的用户。

所以在写作文案正文时，要尽量多提炼能被平台识别并判断出文案核心的关键词。系统判定出关键词后，会将这些关键词与文案分类模型中的关键词模板进行对比，如果吻合度较高，就会为文案标注对应类型的标签。例如，某篇文案被提取出来的关键词有"卸妆""清洁""爽肤水""眼霜"等，那么该文案就可能被标注上"时尚""护肤""保养""化妆品"等标签。平台系统就会由此完成对文案的初分类和认知，并将其推荐给经常关注"时尚""护肤""保养""化妆品"等内容的用户。

2. 内容结合需求

资讯文案一定要将内容与目标用户群体的需求联系起来，只有用户对其感兴趣，才能增加文案的点击量。否则，即使文案被平台推荐，文案的点击量和阅读量也不会增加，文案的推荐指数也会降低。因此，文案写作时，要尽量站在大多数用户的角度，把文案内容写得通俗易懂。如果是写作比较专业的内容，就要加以大众化的解释。

如某皮鞋的资讯文案(见图4-61)，标题中虽然限定了用户群体为"鞋控"，但是为了覆盖更多对鞋子有兴趣的用户群体，并考虑到那些对皮鞋性能、卖点不太熟悉的潜在用户群体的心理，文案创作者便在正文最后对出现的每一款皮鞋都进行了简单的说明，以帮助用户了解这些皮鞋。

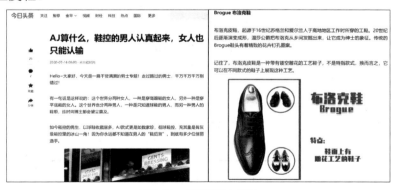

图4-61　皮鞋资讯文案

3. 内容要原创

资讯文案在发布后，平台首先会通过全网搜索引擎对文案的原创度和健康度，以及其是否存在恶意营销等情况进行审核，所以资讯文案的写作需要特别注意原创性问题，只有当文案原创度在60%以上时，文案才会被平台推荐。

项目实施

实训演练

实训任务4-6 资讯文案

1. 实训目标

通过本任务的学习,学生能够了解资讯文案的特点,能够通过发现新闻热点、概括真实事件等方法,编写新闻资讯类文案。

2. 实训背景

相对于其他平台的文案而言,新闻资讯类平台的文案更具有权威性和说服力。并且,在优秀新闻资讯类平台发布的文案更容易获得二次传播,能为提升企业的品牌知名度和竞争力奠定一定基础。

请以小组为单位,选择一个适合的产品,挖掘新闻并加以产品渲染,撰写一篇资讯文案,提高该产品的热度。

3. 相关资源

(1) 今日头条。

(2) 知乎。

4. 实施步骤

(1) 以电商文案小组为单位,填写任务记录单(见表4-21),并完成下列操作内容。

表4-21 任务记录单

实训时间	
实训地点	
小组成员姓名	

(2) 以小组为单位选择一款产品,并在相关平台搜索与产品相关的新闻信息,提炼新闻关键词,确定产品营销对象,如表4-22所示。

表4-22 产品分析

营销产品	
新闻主体	
提炼新闻关键词	
分析产品营销对象	
关联新闻与产品	

(3) 准备创作所需要的素材,包括配图、标题等。

(4) 运用已学习的资讯文案写作技巧,根据找到的新闻主体,编写产品资讯软文。

5. 实训评价

实训评价内容、评价方式及对应的分值见表4-23。

表4-23 实训评价表

评价内容	分值	小组互评	教师评价
按照要求完成训练内容	10		
选择合适的新闻主体，选择的新闻需具有实时性、真实性	10		
提炼新闻中与产品相关性高的关键词	10		
合理分析产品营销对象	10		
找到新闻与产品的关联	10		
标题具有吸引力，抓人眼球	20		
文案内容真实，角度新颖	20		
团队成员合作，配合默契，共同完成任务	10		
总分	100		

电商文案工具表

工具表4-6　资讯文案

	标题	
	图片	
开头	资讯原文	
	文案内容	
正文	用户需求	
	文案内容	
	结尾	

任务七　短视频文案

扫码看视频

知识学习

引例

受伤的天鹅和她的红丝绒

艺术菜花，一名抖音里专拍广告的视频博主，在她创作的视频里有一支为口红拍摄的广告《受伤的天鹅和她的红丝绒》(见图4-62)。一经发布，在B站收获播放量259万次，在抖音收获点赞量176.6万次，虽然粉丝总量在抖音的博主排行里稍微偏低，但视频内容却是创意广告里的绝对惊喜，很多用户都大呼"上头"，说在广告中找到了观赏电影般的体验感。各路网友纷纷催更。

图4-62　广告短视频截图

短片中的墨镜、裙子、口红等单品，因更强调用户的使用体验感，而种草了不少消费者。在短片的最后，人们才恍然大悟，这是阿玛尼广告。可以说，在注意力稀缺的年代，能够获得用户的注意力实属不易，而这支广告之所以被网友称为"抖音广告天花板"，就是因为其特殊的广告创意、出乎意料的剧情和优良的制作，加上契合品牌特质的时尚感与高级感。

【资料来源：作者根据相关资料整理】

【引例分析】 随着短视频用户数量的增加，不难发现，短视频的内容消费已经在快速替代图文内容，我们正式进入了短视频时代，品牌的下一个流量风口必然是短视频。同时，伴随着短视频内容的不断趋同，人们对于视频内容质量的要求越来越高，好的内容创意更容易获得传播，收获好的口碑，并且实现经济效益。

一、短视频文案概述

短视频文案是短视频制作与营销中不可或缺的一部分，短视频文案有着广义和狭义之分。狭义的短视频文案，指的是短视频的描述，也就是我们打开短视频软件时，视频底部所展示的文字内容(见图4-63)。广义的短视频文案指除了这些看得到的文字之外，还有短视频的配音、视觉、策划、运营等环节涉及的内容，包括短视频的描述、封面、字幕解说、脚本和评论。

文案与短视频的播放效果，以及运营效果都密切相关。短视频文案的作用主要体现在以下三个方面。一是引发兴趣，吸引用户点击并阅读。通过短视频的描述和封面，展示短视频的部分信息，用户在还没有观看短视频的时候就先了解了视频的内容，引起兴趣，从而提高视频的点击率。二是图文并茂，视觉听觉双重刺激。短视频的字幕、解说、配音，可以让用户在观看短视频的过程中感受到多种形式的刺激，从而加深其对视频内容的理解。三是突出精华，升华情感。有的短视频看似普通，但是能够让人回味许久，那是因为经过短视频策划，创意得以很好地呈现，让用户产生情感共鸣。而且，有些视频下方的评论可以起到画龙点睛的作用，瞬间让视频内容上升一个档次，这样的"神评论"对短视频的后续营销有着很大的帮助。

图4-63　短视频底部文案示例

二、短视频描述

短视频的描述文案可以对视频内容加以补充说明。在写描述文案时，我们要注意突出视频的关键信息，同时还要运用一些技巧，以达到吸引用户眼球的目的。撰写描述文案的技巧有以下几个。

(一) 制造悬念

描述文案开头使用疑问或者反问句式，制造悬念，勾起用户兴趣，从而吸引其继续观看。大家在刷短视频的时候都没有足够的耐心，如果我们的短视频在开头没有激发用户的兴趣，用户会直接划走，根本不会再看视频的后续内容。如图4-64所示，在描述部分："当外国小姐姐穿上汉服，给她拍汉服写真是一种怎么样的体验？"这样的提问不仅交代了本次视频的主题，还让用户产生了期待，到底西式美女穿上我们国家的汉服会是什么样的呢？一个简单的提问，成功激发用户的好奇心，从而吸引用户接着观看视频。

图4-64 悬念式描述文案示例

（二）优化关键词

短视频作品的描述文案有补充说明视频内容的作用，因此在编辑文案时要尽可能保证其内容的具体明确，从视频涉及领域、视频特点、视频适用人群等方面加以描述。这样不仅能够让用户了解视频的大致内容，还有利于视频内容被系统识别。视频被系统识别之后，不仅能获得额外流量，还能吸引到更为精准的用户。如图4-65所示，视频的描述文案中带有很多人群相关的关键词——"学生党""宝妈""上班族"，这些关键词不仅可以在第一时间吸引相关人群的关注，便于系统识别，将视频推荐给相关人群的人，同时有利于有需求的用户通过搜索而找到，提高短视频的曝光。这里需要注意的是，描述文案并不是几个关键词的拼凑，而是在保证文案通顺流畅的前提下适当地突出关键词内容。

（三）添加话题

短视频平台会不定时地策划热门话题，刺激视频创作者们去创作用户感兴趣的内容。在视频描述中带上这些话题，也可以提高视频的观看量。但是，不能为了"蹭热点"盲目带上很多话题，创作者可以选择与自己视频内容高度相关的1~3个话题，如图4-66所示。

图4-65 带有人群关键词
的描述文案示例

三、短视频封面

在很多短视频平台，用户看短视频前，先看到的是视频封面。许多用户会根据封面呈现的内容决定要不要点击查看短视频。因此，设计一个抓人眼球的封面非常重要。短视频的封面往往是由图片和标题两个部分组成，接下来，我们从视频封面标题设计、封面画面设计两个方面来进行介绍。

(一) 封面标题设计

除了画面设计之外，优质的封面往往会在画面上设计一段标题式的文字，通过图文结合的方式，更好地抓住用户的注意力。短视频标题设计需要遵循以下三个原则。

1. 体现主题，紧密联系

标题是短视频的"窗户"，用户如果能从这扇"窗户"中看到短视频的大致内容，就说明这个标题

图4-66 带有话题的视频描述

是及格的。换句话说，标题要能体现视频的主题。虽然标题对于增加视频的点击很有帮助，但是如果和主题不相关，用户点击进来之后发现内容和想的不一样，或者完全没有联系，就会立刻划走，反而不利于视频的后续发展。因此，在设计标题的时候，一定要和视频主题紧密联系，不要做"标题党"。

2. 简洁明了，重点突出

标题作为用户对短视频的第一印象，它的字数不能太多，否则会增加用户的阅读成本，不利于用户阅读。因此，短视频的标题需要进行提炼，将关键信息整理成朗朗上口的15字以内为佳，还可以通过数字、符号来加强标题强调的信息。

3. 吸睛词汇，聚焦目光

想要吸引用户，在标题中使用一些亮眼的词会取得更好的效果。吸睛的关键词一般有两种类型：一种是和目标人群有关的词；另一种是流行语。

(1) 和目标人群有关的词。我们往往都会比较关注和自身有关的信息，比如年龄、星座、地域、兴趣等，如果标题中有明显人群特征的词，那么会更加吸引相关人群的关注。

(2) 流行语。网络上经常会出现一些流行语，这些流行语往往是大家都比较关注的，可以试着在标题中加上这些流行语。

(二) 封面画面设计

短视频封面画面可以从与内容产品结合、与账号定位结合、与内容主题结合三个方面进行思考设计。

1. 与内容产品紧密结合

短视频内容以介绍为主的，封面图可以用所介绍的产品全貌进行展示，通过吸引人的产品图片，引发用户的兴趣。图4-67为美食教程类短视频的封面集合，这些封面为诱人的

美食成品图片，吸引美食爱好者点击进来观看，学习美食制作的方法。

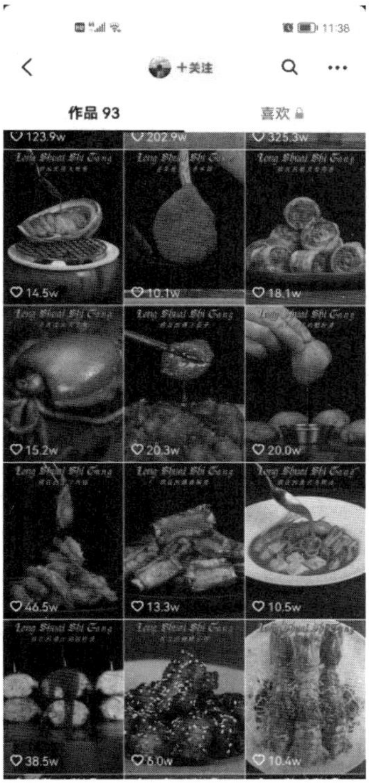

图4-67　某美食教程账号产品封面示例

2. 与账号定位紧密结合

具有鲜明特色的人物形象是短视频最好的封面。有些短视频账号经过一段时间的运营，已经打造了自己特有的IP，这个IP在行业中有一定的话语权，在粉丝心中也有一定的影响力，这样的账号视频封面和IP形象进行结合，更能吸引用户。图4-68为某美妆达人的抖音账号截图，该账号的封面都是以达人形象结合主题文字来设计的。该账号通过多年的运营和持续的输出，已经在美妆领域有了一定的口碑，达人形象也深入人心，这样的封面具有很强的标识性。

3. 与内容主题紧密结合

封面想要引起用户兴趣，除了博人眼球的图片之外，还可以直接通过文字来表达视频主题，让人一目了然，简单易懂。如图4-69所示，某知识科普型账号的短视频封面都使用了文字的方式，让用户直接了解每个视频的内容，方便选择感兴趣的视频点击观看。

一般短视频会默认视频的第一帧画面作为封面，也有很多的创作者习惯截取视频中的某一个画面作为封面图进行设计。想要制作出高质量的视频封面，创作者还需要借助一些作图软件，更好地将图文排版在一起。现在市面上有很多特定平台的短视频在线制作软件提供短视频封面图的模板，通过在线编辑，快速形成优质封面图。这大大提高了创作者的工作效率。

短视频封面图制作的工具有很多，例如稿定设计、图怪兽、创可贴、懒设计等。接下来，我们以稿定设计为例，来看一下利用模板制作短视频封面图的流程。

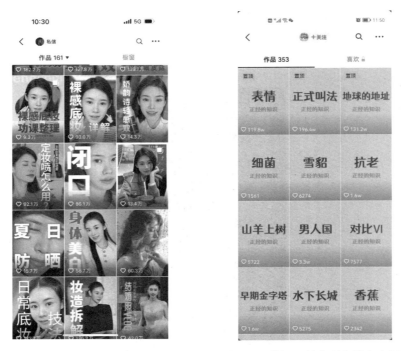

图4-68 某美妆达人账号IP形象封面示例　　图4-69 某知识科普型账号文字封面示例

首先进入稿定设计的网站首页,在左侧导航栏中选择"稿定模板"进入,筛选需要的模板形式。短视频封面属于图片模板,在其中找到"视频封面"的选项,就可以找到平台提供的可在线编辑的视频封面模板了,如图4-70所示。我们还可以根据视频的应用场景、所属行业、用途来进行模板的精准筛选。

图4-70 稿定设计"视频封面"界面

进入模板编辑器之后，可以在左侧栏中选择需要添加、替换的素材，并在右边栏中对这个素材进行编辑(见图4-71)，最终完成视频封面编辑，单击下载就可以保存这个封面了。

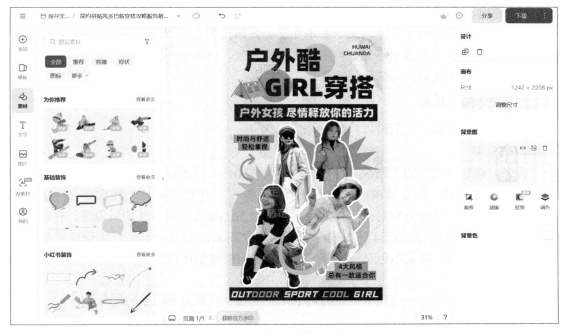

图4-71　视频封面模板编辑器

四、短视频脚本

短视频脚本是拍摄短视频的依据，脚本的创作是为了提前统筹安排好每个人每一步所要做、该做、怎么做的事情。也就是说，短视频脚本是短视频前期策划的一个重要内容，关系到视频的最终呈现。

(一) 脚本类型

短视频脚本大致分为三种类型，每种类型各有优缺点，适用的短视频类型也不尽相同。

1. 大纲脚本

大纲脚本是将需要拍摄的要点一一列出，并根据这些编写一个简单的脚本。这种脚本的优势在于能够让拍摄者更好地抓住拍摄要点，让短视频的拍摄有较强的针对性。但是这种脚本更适合于经验丰富的拍摄者，因为有较大的发挥空间。

2. 分镜头脚本

分镜头脚本是将一个短视频分为若干个具体的镜头，并针对每一个镜头安排相对应的内容。这种脚本的编写比较细致，它要求对每个镜头的具体内容进行规划，包括镜头的时长、景别、画面内容、音效等。

分镜头脚本比较适用于内容确定的短视频，如剧情性比较强的。而内容不确定的短视频，如新闻类则不适合分镜头脚本。

3. 文学脚本

文学脚本就是将小说或者各种小故事进行改编，并以镜头语言的方式进行呈现的一种脚本形式。与一般的剧本不同，文学脚本并不会具体指明出演者的台词，而是将需要完成的任务安排下去。文学脚本不像分镜头脚本那么细致，适用于不需要剧情的短视频创作，如教学视频、测评视频、拆快递视频等。

(二) 脚本编写流程

编写短视频脚本，我们可以按照5个步骤来展开。

1. 搭框架

首先，确定短视频的主题，这个短视频想要传递什么样的信息，实现什么样的效果；其次，围绕着主题，构建简单的提纲；最后，设计出短视频的框架，视频要分成哪几部分，开场、高潮、结尾分别是怎么样的。打一个比方，如果是故事性的短视频，先确定主题，再用简单的提纲提前设计好人物与环境之间的联系，最后根据账号定位确定故事选题，建立故事框架，确定角色及所需要的道具，根据框架创作故事。

2. 定主线

框架搭建好之后，就可以将主线确定下来。主线是在框架基础上的细化。

3. 场景设计

短视频不同于影视剧，它具有短、平、快的特点。短视频必须在短时间内表达一个主题，利用好真实场景更能有代入感，且场景的切换不用太频繁。比如，职场故事拍摄的场景就应该是办公室等相关场景。如果只是一个空白场景或者不太合适的场景，则缺乏真实感，无法让观众产生观看的欲望。

4. 时间把控

时间把控是为了吸引用户继续观看。对于剧情类短视频，一般要在前15秒之内出现能够吸引用户继续观看下去的亮点或者反转。

5. 情感升华

作品要想让用户点赞，就必须提供价值点。这个价值点可以是技能上的，也可以是情感上的。比如，你的干货分享，让用户感觉"受益匪浅"；你的美文分享，让用户觉得"感同身受"。

(三) 短视频脚本案例

接下来，我们一起来分析一则面包店的短视频脚本(见表4-24)。该短视频是某面包店的宣传视频，通过7个不同面包的镜头，来展示店铺面包的品质，以及给人带来的轻松愉悦的感觉。

学一学

扫码看视频

表4-24 面包店短视频脚本

镜头序号	景别	时长/秒	画面	运镜	背景音乐
1	特写	2	面包发酵膨胀	固定	轻快魔性的曲风
2	近景	3	面包成品平行移动	固定	
3	近景	1	平视视角：两个圆形面包旋转	固定	
4	近景	2	俯视视角：一个圆形面包旋转	推	
5	近景	2	平视视角：三个可颂面包在旋转	固定	
6	近景	2	俯视视角：两边面包相互拥挤着移动	拉	
7	特写	2	主打产品展示、店铺名称展示	拉	

虽然这支短视频只有15秒，但是却有7个镜头，在拍摄之前创作者需要策划好每一个分镜头需要拍摄的内容，包括景别、时长、画面、视角、运镜、背景音乐等。

◎ 学一学

什么是镜头语言？拍摄者会用景别、视角、运镜等手法来展现拍摄内容与观看者进行对话。那么，什么是景别、视角和运镜呢？它们又代表着什么？扫描二维码了解一下吧！

学一学
扫码看视频

五、短视频解说与字幕

我们在观看短视频的时候，除了看到画面内容之外，还可以看到画面中的文字，听到画面中的解说，这些都是视频创作者在策划与制作短视时要考虑的内容。有些视频就是用解说来做字幕的，还有些视频解说与字幕是分开的，这些都需要我们根据视频的具体内容来设计。

(一) 解说

解说词要根据解说对象的特点来设计，有明确的主题和说明重点，不能面面俱到，要突出事物的主要方面，抓住事物的关键，即使是拓展性内容，也不能游离解说的主题。如果解说的对象是宇宙，就要紧扣宇宙的组成来介绍，不能随意生发其他问题。解说词是配合实物或图画的文字说明，使观众接收到画面和实物本身无法传递和难以表达的含义。解说词一般按照实物陈列的顺序、画面推移的顺序、时间顺序编排。

解说词确定了之后，就可以对照着视频内容，在后期剪辑的时候，将声音配进去。配进去的声音也需要根据画面的内容进行设计，是男声还是女声，是语速快还是语速慢，什么样的语气，这些都会给人不同的印象和感受。比如，一些电子产品的测评视频，我们就可以用语速较快的男声来配音，这样会显得更专业。现在的视频剪辑软件，如我们较常用的剪映，在确定了解说词之后，可以自己选择各种AI人声来进行配音，如图4-72所示。

(二) 字幕

为了更好地传递视频信息，我们可以在视频中添加字幕。作为解说词的字幕一般加在画面下方，不阻挡画面内容。同时，我们还可以在画面中特定位置添加字幕，用来解释画面内容，或者突出想要表达的内容。图4-73为某带货短视频的画面截图，画面的上方、下方还有中间都有添加字幕。画面上方的字幕一般作为视频的主题，告诉大家视频介绍的产品；画面下方的字幕一般作为解说词，配合视频人物的语言，把他的解说做成字幕，方便大家阅读；画面中间的字幕是随着画面变化而弹出的，用来配合介绍产品的重点卖点。放置在画面中的字幕，要注意不能遮挡画面的主体信息，在剪辑的时候要注意与画面播放相配合，采用花字、动画字幕效果会更好。

图4-72　剪映中的AI人声

图4-73　短视频字幕

短视频字幕在汉字使用上也要严谨规范，正确使用汉字。剪映软件里包含文字模板、识别字幕等功能。一般我们在画面中插入的字幕可以采用文字模板(见图4-74)，将解说转化为字幕采用识别字幕来进行(见图4-75)。需要注意的是，识别的字幕可能会与原解说词不一样，识别后要检查、审核，确认无误后再进行添加。

图4-74　文字模板

图4-75　识别字幕

六、短视频评论

短视频的评论量在一定程度上体现了短视频的价值。通常，评论量越大的短视频，获得的流量就越多。因此，我们还需要在视频发布后，及时查看视频评论，必要时可以发布一些关键评论，再次引起对视频的关注，或者引导舆论走向。

短视频的评论设计可以从以下三个角度出发。

(一) 设置话题

在短视频平台，有一部分人刷短视频的时候，会觉得打字有些麻烦，除非看到自己感兴趣的话题，否则不愿意评论。为了吸引这部分用户积极主动地评论，我们除了在视频内容中做好评论引导，也可以在评论区主动策划话题，引导他们评论。

在短视频的评论区发布与视频内容相关联的话题，通过提问来构建场景。如图4-76所示，让同伴拍照片这件事情在很多人的生活中都发生过，遇到拍照水平不高的旅游"搭子"，每个人都会有想要说的。通过这样的话题引导，引发大家讨论，从而提高用户的留言数量。

(二) 揭秘亮点

用户在刷短视频的时候，往往看得不是那么仔细，可能发现不了隐蔽的笑点或者内容，很容易错过创作者在制作短视频时候的精巧构思。因此，我们可以在评论区通过评论的方式，把这些隐晦的点给揭露出来。当用户看到评论后，豁然开朗，会有"原来是这样，太有意思了"的顿悟。这样的情绪变化也会让他更加认同作品，进而留言。

如图4-77所示，作者在自己的短视频评论区留言，揭示视频的笑点在最后一幕。当用户在评论的引导下，看到演员的最后的小表情，会忍俊不禁，觉得很有意思。作者的这条评论也吸引了一千多条回复和43.1万个赞。

图4-76 在评论区设置话题

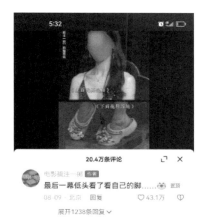

图4-77 揭秘亮点的评论

(三) 任务激励

我们可以通过一些任务式的评论，引导用户完成与留言相关的任务，有些还可以设置一定的价值，通过这样的方法刺激用户进行评论。例如，有些视频会在评论区提问："开学第一天穿什么去上学好呢？来帮我看看吧，是选1还是选2？"在评论区打个1或者2还是很方便的，对于有的用户来讲，他们会喜欢参与这种简单的评论活动。我们还可以为这次的留言任务设置利益点，比如回复点赞最多的粉丝或者第一个留言的粉丝或者第99个留言的粉丝等，送小礼物等福利，通过利益的促使，激发用户留言的热情。

项目实施

实训演练

实训任务4-7　短视频文案

1. 实训目标

通过本任务的训练,学生能够了解短视频文案相关的基础知识,掌握短视频脚本撰写和短视频文案设计的方法和技巧,能够了解《网络视听节目内容审核通则》的相关内容,策划合规的、内容健康的、弘扬正能量的短视频内容。

2. 实训背景

随着短视频红利时代的崛起,大家都在追求更加有趣、更加个性化、更具黏性的产品展现及互动形式,短视频成为他们娱乐、消费、展示的常用形式。很多的达人账号也形成了通过内容积累流量,通过短视频引流再变现的商业模式。请大家以小组为单位,结合小组达人账号,策划一条短视频脚本。

3. 相关资源

(1) 抖音。

(2)《网络视听节目内容审核通则》。

4. 实施步骤

(1) 以小组为单位,结合小组达人账号定位,在专属领域内进行短视频主题内容的选择,选择5~8种,填入表4-25。

表4-25　分析短视频主题内容

序号	类型	主题	元素	特点	卖点	产品
1						
2						
3						
4						
5						
6						
7						
8						
9						
10						

(2) 小组讨论确定短视频主题、内容、人员、时间、台词。
(3) 设计短视频的各个环节和一些内容台词。
(4) 借助工具表4-7，完成60秒的短视频脚本设计。

5. 实训评价

实训评价内容、评价方式及对应的分值见表4-26。

表4-26 实训评价表

评价内容	分值	小组互评	教师评价
按照要求完成训练内容	20		
短视频内容合理、与主题定位一致	10		
短视频文案设计内容完整、符合逻辑	20		
短视频要素设置完整、合理	10		
短视频文案设计规范、合理	10		
短视频文案主题完整、合理，且有新意	20		
团队成员合作，配合默契，共同完成任务	10		
总分	100		

电商文案工具表

工具表4-7　短视频脚本

×××短视频文案

短视频主题：

序号	时间	景别	视角	运镜	人物	场景	内容	道具	字幕/解说	音乐
1										
2										
3										
4										
5										
…										

任务八　直播策划

扫码看视频

知识学习

引例

中国文化赋能跨境直播间

"2024年是中国的龙年，龙是中国古代神话中的动物，是中华民族的象征之一……"在TikTok的直播间里，穿着中华传统文化服饰汉服的主播正在用流利的英语向世界各地的观众介绍她们自己设计的带有龙图腾的T恤衫。

在她们的直播间里，到处洋溢着浓浓的中国元素，直播间场景用的是中国红背景板，摆着木雕的屏风，主播穿着汉服介绍产品(见图4-78)。

图4-78　直播间截图

更值得一提的是，她们的产品设计也融入很多中国元素，有十二生肖、剪纸、敦煌飞天、汉字等。在所有产品中，比较受东南亚人喜欢的是十二生肖中的猴子，俄罗斯人问得最多的是敦煌飞天相关的图案。

主播如数家珍般地介绍着产品背后的中华文化，直播间里来自各个国家的观众也被这神奇的东方故事所吸引。"有一个来自马来西亚的小伙，每天都会准时来到我们的直播间，他已经下过好几次单了，天天进直播间和我们互动，这让我觉得很暖心。"主播蔡某和我们分享她直播中印象深刻的事情。

【资料来源：作者根据相关资料整理】

【引例分析】直播推崇"内容为王"，只有优质内容才能持续不断地吸引观众。曾经的"博眼球""打赏"是初级的网红经济时代的风潮，"有文化的直播"才能真正地留住顾客。当直播生态越来越多地被赋予文化内容和文化诉求时，背后的驱动就不再是商业的喧嚣，而是社会风尚的和煦。

一、电商直播概述

自2020年以来,不受时间、空间限制的直播行业快速发展起来,拉开了全民直播的新篇章。直播是达人与粉丝触达的一个非常方便的途径,通过与粉丝实时互动,增加粉丝黏性,同时也可以销售产品,成为一种有效的变现方式。

(一) 直播类型

现在开放直播功能的平台越来越多,直播的内容形式也越来越丰富,常见的主要有带货直播、现场直播和娱乐直播三种。

1. 带货直播

带货直播,是指整场直播以销售产品为主,其内容主要是产品分享、产品介绍、开箱测评等,常见于淘宝、京东等传统电商平台,在抖音、小红书等内容电商平台也可以看到。

2. 现场直播

现场直播,是指通过实地的考察与走访,给镜头前的粉丝传递有用信息,从而宣传产品或者品牌,主要的内容有产地走访、海淘现场、基地走播、现场制作等,常见于B端企业的直播间。

3. 娱乐直播

娱乐直播的过程中没有过多的产品植入,以才艺表演、日常生活、游戏竞技等内容为主,常见于抖音、小红书等内容电商平台,是很多达人前期累积粉丝、维系粉丝关系的重要途径。

不管哪种形式的直播,都需要进行前期策划,才能保证直播的顺利进行。直播策划主要分为直播脚本和直播话术两部分。直播脚本用于对直播整个流程的设计和控制;直播话术用于对直播间话语的设计与规划,包括直播产品的全面介绍、直播环节的串联等。

(二) 直播策划的作用

1. 梳理直播流程

有效的直播时长是30分钟,但是大部分的直播都不会只有30分钟。然而,在计划的时段内,把想要表达的东西都说出来,把想要做的事情都做了,没有提前规划是很难做到的。有些人可能计划直播两小时,结果一个小时就没有话题可说了;还有些人计划直播两小时,结果时间到了还没有把产品介绍完,这些都是没有提前策划好直播流程造成的。通过直播策划,我们可以提前规划好直播流程,规划好直播的每一分钟应该做什么、说什么。

2. 管理直播话术

直播效果的好坏与主播在直播间的表现密切相关。有些主播介绍产品特别到位,很容易说到粉丝的心坎里,而有些主播介绍了半天,粉丝都不会对这个产品感兴趣,这往往是策划的时候没有设计好话术造成的。通过直播策划,我们可以提前设计好话术,让主播在直播的时候有条不紊地介绍产品、介绍好产品,从而使粉丝产生购买欲望。

3. 减少直播失误

我们经常会在新闻上看到，某某知名的头部主播直播"翻车"了。直播，由于它的及时性和临时性，有时候很难给人太多调整的时间，问题出现的当下，主播就要马上采取措施，然而，直播间出现的状况是各种各样的，哪怕是经历了多次直播的资深主播，也可能出现失误。但是，我们可以通过直播策划减少失误，提前对直播现场进行模拟，提前发现问题，并提供解决方案，从而最大限度地避免直播间"翻车"事件的发生。

4. 反馈直播效果

最后，直播策划还有利于进行直播效果反馈。我们可以根据直播数据进行复盘，对照直播脚本去发现哪个环节做得好，哪个环节出现了问题，问题主要出在哪，该怎么去优化，从而总结本次直播的经验教训，为下一次直播做准备。

二、直播脚本

"脚本"这词最早是用在程序编辑上，如今也被用到了戏剧表演、电影拍摄和直播上。脚本，是指通过书稿的方式写出一个框架底本，以使直播朝着预想的方向有序发展的文本。一场成功的直播，离不开一份逻辑严密、条理清晰的直播脚本。

(一) 直播要素

在一场直播中，有一些东西是必不可少的，例如直播目的、直播时间、直播人员、直播互动等，这些也就是直播脚本中必须要策划的元素。

1. 直播目的

在开始直播之前，我们要先弄清楚这一场直播的目的是什么，是维护粉丝，和粉丝聊聊天，还是给新品造势，还是做店铺清仓，或是分享日常中的好用物品……针对不同的目的，直播策划的重点也不同。

如果直播是为了维系和粉丝的关系，那么策划的重点在于自己生活方式和态度的展示，粉丝关心问题的解答；如果是为了给新品造势，那么策划的重点在于新款产品的展示介绍以及开拍的注意事项；如果是做店铺清仓的，那么策划的重点就在于清仓活动的介绍和粉丝所能获得的福利；如果是为了分享日常中的好物，那么策划的重点在于产品使用场景和功能的介绍。如图4-79所示，粉丝可以通过直播预告了解到不同直播的目的，从而选择合适的直播来观看。

图4-79　不同目的的直播

确定直播目的是直播脚本撰写的第一步，并且需要在直播预告和直播刚开始的时候就要明确地告诉粉丝这个目的。每一场直播的目的只能有一个，否则直播会显得很混乱，没有条理性，从而影响用户的观看感受。

2. 直播时间

直播的时间包括直播时长和开播时间。一场有效的直播要求至少要达到30分钟，但并不是说你只要播30分钟就够了。阿里的数据显示，4~6小时是主播们最喜欢的直播时长，因为这个区间能够完全覆盖上午、下午、晚上三个时段中的任意一个，和直播团队还有消费者的日常工作结构比较契合。一些头部主播，直播时间反而会减少，通常为2~4小时。对于一些尾部或者新开播的主播来说，延长直播时长，可以更好地提升他们的直播表现，因此，直播时长可能会延长到6~8小时，还有一些商家会直播超过10小时，甚至还有24小时一直播的。这就要根据条件和是否必要等方面进行考量。

开播时间的选择一般有两种思路：一种是高峰时期开播，另一种是避开高峰时期开播。一般来说，晚饭后到睡觉前是观看直播人数最多的时候，一些头部的主播都会选择在晚上8点开播。我们也可以选择在这样人流密集的高峰时间开播。但是，高峰时期开播的主播比较多，竞争也比较激烈，导致新手直播能分到的流量很少。因此，也可以采用避开高峰时期开播的方法，避开激烈的竞争，如比他们早1~2小时开播，或者在他们下播了之后的深夜再开播，甚至有一些主播会选择凌晨这样的冷门时间段开播。

在直播脚本中，要明确写出开播的时间和预期直播的时长，这样有利于开播前对直播进行宣传和推广，也有利于设计直播内容。

3. 直播人员

直播人员是执行脚本的核心。一个专业的主播往往不是单打独斗的，会有人配合他。一个成熟的直播间一般至少会有三个人——主播、助理和场控。助理和主播进行配合，一问一答，一唱一和，更好地营造直播间的气氛；场控一般不出镜，但是需要配合主播回答粉丝的一些问题，在线联系商家，操控后台。有些直播间还会有客服、摄影等工作人员。

4. 直播互动

直播间的氛围是用户停留在直播间的关键因素，好的氛围会让观众感觉自己参与其中。在策划直播方案时，团队往往会设计一些互动环节，用来烘托直播气氛，调动用户的积极性。直播间的互动形式有很多，如红包雨、优惠券、小礼物、抽盲盒等。娱乐性的直播则经常会通过才艺表演或者连麦的形式进行互动。

(二) 单品脚本

区别于娱乐平台的直播，电商平台的直播主要目的是带货，是以产品为核心的。通过几个小时的直播，主播不仅要让粉丝快速种草，还要去引导粉丝在直播间就下单。在直播期间，产品卖点的展示是非常集中的，在一场3小时的直播中，主播往往会介绍20~40种产品，每个产品直播的时间只有几分钟。这就需要我们通过脚本提前准备好每个产品的直播内容。我们可以用单品脚本来进行策划（见表4-27），全面挖掘产品的特点，提炼话术，在有限的直播时间内，最大可能地打动用户。

表4-27 单品脚本

序号	货号	产品图片	原价	时长/分	直播价格	产品卖点	利益点	适用场景	直播画面	实物道具
1										

在单品脚本中往往包含以下一些信息：序号、货号、产品图片、原价、时长、直播价格、产品卖点、利益点(用户角度)、适用场景、直播画面、实物道具等。

1. 基本信息

序号、货号、产品图片、原价是产品的基本信息。单品脚本中有了这些信息，有利于主播在直播的时候区分产品。

2. 时长

时长是指直播这款产品所需花费的时间。提前策划好每一个产品的直播时长，对于直播进度的把控是非常有必要的。

3. 直播价格

直播价格是指在直播期间粉丝购买产品所享受到的优惠价格。粉丝希望在直播间可以买到最优惠的产品，因此直播间价格一定要和日常销售的价格有明显的区别，这样才能刺激用户立刻下单。

4. 产品卖点

产品卖点是指商品具备的与众不同的特色、特点，是区别于同类型产品的突出优势。卖点表现在产品的功能、造型、品牌等方面，每个产品最好都能提前准备好至少三个卖点，在直播间比较集中的时间内展示。

5. 利益点

利益点是指从用户的角度出发，买了这个产品可以得到的好处。这个利益点可以从情感的角度来挖掘。

6. 适用场景

适用场景是指产品的应用范围。通过场景的描述能够激发消费者的购物热情。

7. 直播画面

直播画面是指当主播在讲授产品的某一个点的时候，展现给用户的画面。直播画面经常需要助播配合进行。比如主播在讲直播价格和原价差别很大的时候，直播助理就可以在直播间展示提前准备好的价格对比图。比如主播在讲这个眼线笔很防水的时候，助播就可以在手臂上画一画，然后用水去擦。这样的方式，可以让观看直播的用户亲眼看到产品的效果。

8. 实物道具

实物道具是指配合这一部分直播画面展示所需要用到的产品和道具。直播助理需要根据脚本提前准备好要用的道具。

(三) 整场脚本

在直播的基本要素都确定好了之后，我们需要将直播的各个环节进行合理的有序化，通过直播的整场脚本，将直播的内容都规划在里面。表4-28为某次直播整场脚本的模板。

表4-28 整场脚本

×××直播脚本										
直播主题：										
直播时间：										
主播：			助理：				场控：			
直播流程										
开场白：欢迎来到×××的直播间，点击左上方头像关注……										
序号	货号	时长	产品图片	原价	直播价格	介绍内容		画面		道具
1						产品卖点、利益点、应用场景等				
2										
3										
4										
5										
…										
互动：穿插各种活动环节；注意回答粉丝问题										
直播总结：										
下次直播预热：										

每个公司由于业务需求的不同，习惯的不同，直播脚本的形式也会有所不同。需要注意的是，脚本不是一成不变的，而是需要不断优化。一场直播在按脚本执行的时候，可以分时段记录下各种数据和问题，直播结束后进行复盘分析，对不同时间段里的优点和缺点进行优化和改进，不断地调整脚本。这样一来，直播久了，我们心中自然就会有制定直播脚本的策略和方法了，对于直播脚本的高效运用也就更加得心应手了。

三、直播话术

直播话术其实是直播脚本中的一部分，是各个直播环节里面需要填充进去的内容，也是文案人员需要设计的部分。在直播的过程中，主播如果能够掌握一些通用的话术，可以更好地连贯直播内容，活跃直播间气氛，同时也会获得更好的带货效果。直播话术大致可以分为开场话术、基础话术、产品话术和结束话术4类。

(一) 开场话术

直播刚刚开始，在线人数往往不是很多，在观众陆陆续续进入直播间的过程中，主播开场主要要做两件事情：一是欢迎；二是自我介绍。这也是我们开场话术中需要设计的两部分内容。

1. 欢迎

当用户进入直播间，直播的评论区会有提示，主播应该对其表示欢迎，并可以亲切地叫出他们的昵称，用来表示重视。刚开始直播间的人数不会太多，一开播就进来的往往是关注主播的忠实粉丝，亲切的欢迎词会让他们感到被重视，有被认真对待的感觉。

2. 自我介绍

打完招呼之后，主播可以进行自我介绍，让用户及时了解本次直播的主题，引起他们的兴趣，使他们保持期待。直播间的人总是进进出出的，如果他们点进来发现这个主播不认识，或者不知道这个直播间在做什么，就很容易划走。想要留住一些新的观众，就要让他们知道我们的直播间是做什么的，可以给他们带来什么好处。因此，这部分的话术可以设计为"我是谁+我能给你带来什么好处"的模式。

下面是一段女装达人的简单的直播开场，通过简单的几句话，让进入直播间的用户感觉很亲切，并且知道该这直播间的特点和价值。

> 欢迎朋友们来到我的直播间！××(昵称)、××，我看到你啦，欢迎欢迎！我虽然是一名新主播，但是我做服装行业已经×年了，为大家带来穿衣搭配小经验，如何选衣服，我是绝对专业的，如果你喜欢可以关注我哦！

(二) 基础话术

直播过程中，主播一直介绍产品，粉丝会感觉到无聊。所以，直播过程中可以穿插其他环节，如引导关注、互动、催单等，这些都归于基础话术。

1. 引导关注

引导关注时，要尽量透露出主播能够给用户提供的价值。用户关注主播是因为觉得在这个直播间里面能够获得自身想要的价值。所以，主播在引导关注的时候也需要强调这个价值。

2. 互动

直播间会有粉丝发各种各样的问题，主播的回复一定要细致耐心，尽量不要错过任何问题。如果有些粉丝的问题一直得不到回复，那么粉丝的情绪就会变得低落。这是一种长时间发言却得不到关注的局面，容易造成粉丝流失。

3. 催单

在带货直播中，通过催单的话术可以打消粉丝的疑虑，调动他们消费的积极性，促使他们在直播间下单。价格的公布可以适当地卖下关子，先吊起用户的胃口，再适时公布价格，同时强调促销政策的限时性。

以下是几条基础话术的参考例子。

> 引导关注：宝宝们如果觉得主播给到的建议有帮助，还想了解更多搭配技巧就点点关注哦！
> 互动：没有不理哦，弹幕太多，刷得太快，我看到一定会回的，请不要生气哦！
> 催单：这次货品折扣仅限本次活动进行时间，错过了，我们就不会再有这个价格啦！想要的朋友抓紧时间哦！

(三) 产品话术

产品话术主要就是如何介绍产品。为什么有些主播对产品的介绍很打动人，有些主播对产品的介绍却让人没有感觉，区别就在于介绍产品的时候有没有从用户的角度出发。从用户角度思考话术，将产品所能带给用户的利益点直接传递出来，更加容易让人感同身受。还有一个方法就是进行场景的描述,先为镜头前的用户描述一个产品的使用场景,刺激其产生购买需求;再结合产品价格的对比,突出直播间的优惠,就很容易刺激用户立即下单。我们一起来看看以下这段关于蛋黄酥的产品话术设计。

> 这款蛋黄酥采用的是新西兰进口安佳黄油,材质更加安心,老人、小孩、孕妇吃了都没有问题,好吃又健康(利益点)。而且接下来中秋节就要来了,我们自然要去亲戚朋友家去坐坐,这个蛋黄酥礼盒又好吃,寓意又好,团团圆圆,非常适合(场景描述),趁着优惠赶紧下单哦(价格优势)。

(四) 结束话术

在直播快要结束的时候,主播不能草草就下播,而是要花几分钟的时间认真地和粉丝进行告别。结束话术一般分成两个部分,分别是表达感谢和下次预告。

1. 表达感谢

能够跟着主播一路看下来的粉丝都是非常有耐心也是非常忠诚的,直播间的业绩正是依靠这些粉丝才能越来越高。因此,主播要对粉丝抱有感恩的心,在直播最后几分钟,情真意切地和他们表达一下感谢。

2. 下次预告

现在很多专业的达人都会固定直播频率,直播结束时,和还在直播间的粉丝做出小约定,告诉他们下一次直播的时间,并且剧透一小部分直播内容,引起他们的期待和想象,为自己下一场的直播做预热。

以下是直播间结束话术的参考。

> 主播还有10分钟就下播了,非常感谢大家的陪伴,今天和你们度过了非常愉悦的时光,下周我们同一时间再见吧,你们要记得想我,我也会想念大家的!

项目实施

实训演练

实训任务4-8　直播策划

1. 实训目标

通过本任务的训练,学生能够了解电商直播策划相关的基础知识,掌握直播脚本撰写和直播话术设计的方法和技巧,了解《网络直播营销行为规范》的相关内容,开展合规的电商直播活动。

2. 实训背景

随着"95后""00后"消费人群的崛起,他们追求更加有趣、更加个性化、更具黏性的产品展现及互动形式,直播成为他们娱乐、购物常用的形式。很多的达人账号也形成了通过内容积累流量、通过直播进行变现的商业模式。请大家以小组为单位,结合小组达人账号,策划一场带货直播。

3. 相关资源

(1) 淘宝直播App。

(2)《网络直播营销行为规范》。

4. 实施步骤

(1) 以电商文案小组为单位,填写任务记录单(见表4-29),并完成下列操作内容。

表4-29　任务记录单

实训时间	
实训地点	
小组成员姓名	

(2) 学生以小组为单位,结合小组达人账号定位,在专属领域内进行选品,选择5~10款产品,填入工具表4-8。

(3) 小组讨论确定直播目的、直播人员、直播时间。

(4) 设计直播间的各个环节和一些重点话术。

(5) 完成2小时的整场直播脚本策划。

5. 实训评价

实训评价内容、评价方式及对应的分值见表4-30。

表4-30 实训评价表

评价内容	分值	小组互评	教师评价
按照要求完成训练内容	20		
直播选品合理，与账号定位一致	10		
产品直播间信息完整，有说服力	20		
直播要素设置完整、合理	10		
直播话术设计完整、合理	10		
直播脚本完整、合理，且有新意	20		
团队成员合作，配合默契，共同完成任务	10		
总分	100		

电商文案工具表

工具表4-8　直播选品表

序号	店铺	产品	原价	直播间价	卖点	利益点	适用场景
1							
2							
3							
4							
5							
6							
7							
8							
9							
10							

工具表4-9　带货直播整场脚本

×××直播脚本

直播目的：

直播时间：

主播：	助理：	场控：

直播流程

开场白：欢迎来到×××的直播间，点击左上方头像关注……

序号	环节	时长	主播	助理	场控	话术	道具
1							
2							
3							
4							
5							
6							
7							
8							
9							
10							

互动：穿插各种活动环节；注意回答粉丝问题

直播总结：

下次直播预热：

同步测试
学一学
扫码做题

延伸阅读

完美日记敲开东南亚大门

近几年,在颜值经济和消费升级的双重驱动下,国货美妆品牌与日俱增,行业内卷日趋严重,竞争进入白热化状态。众多美妆品牌纷纷出海寻找新的增长点,《2021美妆行业趋势洞察报告》显示,国货美妆出海增长同比超10倍。

这股国货美妆的出海热潮中,DTC品牌"完美日记"是个响当当的名字。这个对标欧莱雅的美妆品牌,其母公司逸仙电商由毕业于中山大学的黄锦峰、陈宇文和吕建华联合创立。就是这三个男性,一步步将完美日记这个品牌做成了国货美妆的"黑马"。

国内美妆市场如火如荼,海外美妆市场也风生水起,自2020年以东南亚电商平台虾皮(Shopee)为首站开启出海之旅以来,完美日记已经取得了相当不错的成绩:快速在Shopee上夺得东南亚多个市场销售第一,包括Shopee"双十一"马来西亚美妆最畅销品牌、"双十二"新加坡美妆最畅销品牌。

目前,完美日记在Lazada、Shopee、亚马逊等大平台都有官方商店,同时也拥有海外独立站,并且在官网可以选择英语、法语、意大利语、德语4种语言,以及港元、英镑、欧元、加元、美元5种货币单位。

对于国内美妆品牌来说,完美日记最值得提的出海经验就是通过海内外KOL合作,全方位抢占用户心智。我们一起来看看它的具体做法。

名人推介和KOL种草是用户对品牌形成认知的公认有效手段。目前,完美日记已经和海内外15 000多名KOL达成合作,其中很大一部分KOL拥有100万以上的粉丝。与此同时,完美日记还积极和当地明星达成合作,如邀请越南流行歌手AMEE成为其首位越南唇妆品牌大使,邀请明星蔡卓妍推荐完美日记开运锦鲤产品系列。借助这样的"人海战术",完美日记迅速在各地区用户心中形成了初步认知。

为了进一步加强海外用户对品牌及产品的感知,完美日记又祭出了两招:测评广告、社交营销。一方面,完美日记在脸书等渠道大量投放测评或开箱风格的广告。从实际展现效果来看,一个月时间达到了60K的展现量,效果还是不错的。

另一方面,完美日记还借助MSN搭建了一套从问答到种草再到销售、服务的社交营销模式,保证较高的用户黏性和复购率。首先,完美日记在MSN设定了自动回复的问题,比如"如何下单""如何跟踪包裹信息"等,用户选择常见问题后可以得到自动回复,极大地提升了营销效率。同时,针对在MSN上与自己有过互动的用户,完美日记会主动向他们推送最新的活动或商品链接等信息,通过这样的方式带动用户二次消费甚至多次复购。

【资料来源:有赞AllValue.完美日记敲开东南亚大门】

第五篇　优化篇

📚 教学目标

知识目标
- 了解文案传播的机制
- 掌握文案相关数据的概念
- 了解文案人员自我优化的途径

技能目标
- 能够优化文案的传播渠道
- 能够根据数据优化文案内容
- 能够提升文案人员的自我修养

素质目标
- 培养学生团队合作能力
- 培养学生基本的信息获取能力和数据分析能力
- 培养学生独立思考、举一反三的能力

思政目标
- 具备学无止境的精神
- 具备内容传播的相关法律意识

🧊 思维导图

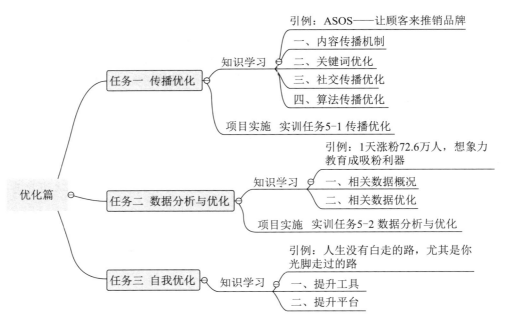

任务一 传播优化

扫码看视频

知识学习

引例

ASOS——让顾客来推销品牌

ASOS是欧美头部的线上时尚美容品零售商，在一次营销活动中，ASOS通过其"AsSeenOnMe"的营销主题证明了UGC(user-generated content)也是可以销售的，即用户自发产出的品牌相关内容是可以帮助促进销售的。

在此次活动中，ASOS鼓励顾客们使用"AsSeenOnMe"标签在Instagram上分享自己的照片(见图5-1)，ASOS会收集优质的照片收录进ASOS网站官方产品图库中，所有消费者和粉丝都能查看，这一行为激发了消费者的大量参与和响应。后续为了庆祝这一活动的成功，ASOS还创建了一个单独的Instagram账户专门用来收录用户原创和分享的产品内容，该账户吸引了大量的粉丝关注。而这一活动在4年之后的今天依旧在进行，并在线上持续有着很高的热度，成为有品牌代表性的经典活动。

图5-1 ASOS顾客穿搭分享展示

相信每一位消费者都希望获得品牌的关注，产生"存在感"，希望自己被看到。用户想要通过使用产品来向品牌表达自己，产生关联，那么品牌能做的则是创造机会让消费者感受到自己可以被看到。由此，鼓励和利用好UGC对于品牌营销来说是很好的方式，不仅可以为品牌和消费者互动提供机会，而且用户自发产出的种草内容能对其朋友圈产生更有说服力的影响。

【资料来源：乐可互动.三大电商社媒营销成功案例分享】

【引例分析】 随着社交媒体的发展，用户发声和与品牌互动的渠道被打开，越来越多的企业意识到，不能小看用户的影响力。用户反馈的传播效果被社交分享，既可以成为宣传的"利器"，也有可能成为品牌黑化的"帮凶"。因此，企业在品牌营销的过程中，要重视用户反馈，及时响应，也可以设置相应的激励措施，刺激用户进行口碑传播。

一、内容传播机制

创作者辛苦制作出来的优质内容，如果投放平台的传播不契合，很可能淹没在互联网的汪洋里，得不到很好的传播。比如一篇阅读量很高的微信公众号文章，把它投放到今日头条上，阅读量未必会很高。我们要了解主流电商平台的内容传播机制，并有针对性地进行传播优化。现在主流电商平台的内容传播机制主要有搜索传播、社交传播和推荐传播三种。

(一) 搜索传播

大部分的平台都会有这种传播机制，也就是我们在平台上看到的搜索界面。用户输入关键词，通过关键词的匹配，检索感兴趣的内容。如果文案的标题、正文中不包含用户搜索的关键词，那么这篇文章质量再好，在这样的传播模式下都是无法被看到的。例如，以百度为代表的搜索引擎，通过关键词的检索，筛选呈现信息，文案内容是否呈现及呈现的位置都和关键词有着非常密切的关系。

(二) 社交传播

社交传播，即基于用户之间的社交行为进行传播。常见的社交类平台有微博、微信等。微博通过互粉关系，将内容一波波地扩散出去。微信则通过好友和朋友圈，将内容多圈层传播。交互性强的、容易引起情感共鸣的文案在这类平台可以得到快速传播。

(三) 推荐传播

推荐是以算法分发内容为主的平台非常重要的环节。常见的推荐类平台有抖音、小红书、今日头条等。在浏览这些平台的过程中，你会发现它们很"聪明"，推荐来的内容都是我们喜欢的。这些平台算法以智能机器为基础，通过对文章进行特征识别，将内容推荐给可能感兴趣的用户，实现个性化的精准推送。

二、关键词优化

针对内容的搜索传播机制，优化的重点在于关键词。关键词优化分为两个步骤：第一步是寻找关键词；第二步是布局关键词。

(一) 寻找关键词

寻找合适的关键词是进行关键词优化的关键。合适的关键词必须具备三个特点，即符合用户搜索习惯、曝光量大、与产品有关。

1. 符合用户搜索习惯

即使是同样的内容，设置不同的关键词，便会有不同的曝光量。创作者在进行内容创作时，要选择符合用户搜索习惯的关键词，这样用户进行检索的时候，才可以优先看到内容。我们可以通过分析用户搜索习惯，统计用户搜索同类型内容所使用的关键词，进而提高关键词的质量。例如，目标人群集聚的平台搜索下拉框就是一个获取近期用户搜索关键词的有效途径。

图5-2为百度平台"中秋节"的搜索下拉框截图，当搜索关键词"中秋节"的时候，下拉框里面就会出现这段时间用户搜索的、频率比较高的和中秋节有关的词语、句子，创作者可以参考这些词了解到用户的搜索习惯。

图5-2　百度搜索"中秋节"的下拉框截图

2. 曝光量大

如果关键词搜索频率低、曝光量小，即使创作者设置了符合用户搜索习惯的关键词，内容传播也不会太广。因此在选择关键词时，要选择那些曝光量大、能够频繁被用户搜索的词。我们可以通过百度指数去查询和对比关键词的曝光情况，从而选择最佳的关键词。

图5-3为百度指数搜索关键词"元宵节"的数据截图。在该页面，我们可以看到"元宵节"这个词的搜索指数，再通过搜索指数去判断这个关键词的搜索热点，是不是热搜词。通过该词的曲线图，我们发现，随着元宵节的临近，该关键词近一个月的热度是逐渐上升的。因此，现在的文案内容中选择该关键词是比较合适的。

3. 与产品有关

创作者在设计关键词时，要与文案所要宣传销售的产品相关，否则即使文案被用户搜索到，也不会产生太大的效果，无法实现变现。例如，某美妆护肤达人在设置关键词时，可以选择"祛痘""美颜"等与产品有关的关键词。当有想要护肤，且需求就是祛痘或者美颜的用户，通过搜索相关关键词，看到这样能够解决他们痛点的内容，就会很感兴趣，这样就提升了内容传播的效果。

图5-3 百度指数搜索关键词"元宵节"的数据截图

想一想

今年的五一假期你想和同学出去旅游,你会怎么搜索相关信息?

(二) 布局关键词

寻找到合适的关键词之后,为了提升文案在搜索引擎的搜索效率,我们要对关键词进行合理的布局,包括关键词出现的位置的优化和关键词出现的频次优化两个部分。

1. 关键词出现的位置

关键词出现的位置会对搜索引擎的搜索有一定的影响,同时对用户的阅读也有一定的影响。关键词需要放在关键段落和视觉容易注意的地方,例如文案开头、结尾、正文等。

(1) 文案开头。关键词在文案开头一般出现1次即可,如有必要也可以出现两次,但最好不要出现两次以上。

(2) 文案结尾。为保证首尾呼应,在文案结尾处有必要再出现1次关键词。

(3) 文案正文。正文中关键词出现的次数需要视文案的篇幅而定,正常情况下,关键词在文案正文出现的次数为一两次,如果是篇幅较长的文案,可以适当增加关键词出现次数。关键词可以考虑放在段落靠前的部分,或者段落的视觉左侧。

2. 关键词出现的频次

在文案中,关键词密度与搜索表现有一定关系,但并不是说关键词密度越大越好。关键词多次出现,反而会有关键词堆砌的嫌疑。关键词密度保持在全文字数的1%~7%是比较合理的。关键词要均匀地分布在整篇文章中,可着重分布在文案的标题、首段、结尾和视觉左侧。

三、社交传播优化

随着社交媒体的兴起,人们的话语权获得了释放。从之前的博客、人人网到现在的微博、微信,自媒体具备了双重属性,既能发信息,又能充分讨论。在传播形式上,传播者和受众的关系趋于平等,"人"在强关系中发挥着重要的影响,意见交换开始更多地发生在具有相同或者相似价值观的朋友、同学,以及共同兴趣爱好的圈子当中。传播模式的变化决定了现代电商文案的传播不能仅仅依靠媒体来"播",还需要依靠人来"传"。

基于社交传播的模式,想要发挥人传人的放大效应,其优化的方法是首先要提高文案内容的社交货币属性,使其具备社交传播的条件;其次,通过粉丝的积累,扩大传播基数;最后,设置活动,刺激网络社交行为的发生。

(一) 内容社币化

社交货币的概念最早由法国当代著名的社会学家布迪厄在他的《社会资本论》中提出:"社交货币是一个共同的术语,可以理解为从社交网络和社区的存在产生的实际和潜在的资源全部,它们可能是数字的或者离线的。"

想要打造文案内在吸引力,就要使其具备社交货币属性。如果用户能够从内容本身获取满足,主动去炫耀、去展示、去推广,那么这篇文案就具有了社交货币的属性。具有社交货币属性的文案有三个要素:有趣、有用、有情绪。

1. 有趣

文案满足有趣要素,消费者会自发转发。就像当我们看到有意思的短视频、文章时,会忍不住想要分享给朋友一样。例如,奥利奥提供了两种定制方式(见图5-4),充分体现了"有趣"这一要素。一种是你的饼干你做主,用户可以自己选择奶油颜色,红橙黄绿紫白,尽情挑选。

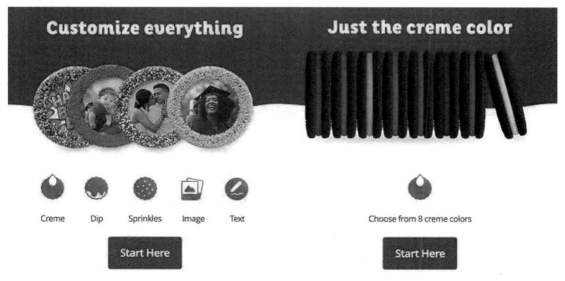

图5-4 奥利奥饼干定制

另一种更加随心所欲,更加有趣:在饼干上写字甚至放图片,选择自己喜欢的包装和礼盒。当用户把照片印到饼干上,这种特殊的饼干就有了社交货币的属性。他们会把这种饼干的照片发到社交媒体上进行炫耀展示。奥利奥通过满足用户炫耀展示的需求,实现了品牌传播。在#奥利奥创意吃法#微博超话中,累计共有1.1亿阅读量、10.8万讨论次数,4339人提供原创内容,吸引了用户主动传播。

2. 有用

除了利益,品牌传播的内容能够与消费者达成共鸣,对消费者来说就是有用的,自然会引发分享。江小白瓶身传递出的价值观,契合很多年轻消费者的内心,消费者热衷于借助其瓶身文案在朋友圈表达自己。多年前,可口可乐澳大利亚公司想出一个创意,它找出那些较常见的名字,印在可乐瓶上。如果消费者收到一瓶印有自己名字的可乐,即使知道这是套路,也还是会很高兴的,这就是人性。靠这个做法,仅在2011年夏天,可口可乐就成功地在澳大利亚这个只有不到2300万人口的国家,卖出了超过2.5亿瓶印着名字的瓶装可乐和罐装可乐。在中国,可口可乐推出的是印着"白富美""文艺青年""女神""宅男"的昵称瓶(见图5-5)。这些昵称瓶具有社交货币的属性,满足了消费者自身的表达需求。

图5-5 带标签的可口可乐

3. 有情绪

情绪能够牵动人心,富有情绪化的内容容易成为消费者情感的出口,消费者通过对这些内容的分享,表达自身的感受。位于上海永康路的熊爪咖啡一夜爆红,消费者都被这只可爱的熊爪萌化了(见图5-6)。熊爪咖啡店铺只有一个门洞与外连接,通过门洞,会有一只熊爪将咖啡递出来。萌萌的熊爪就像是社交货币,连接着前去打卡的消费者,牵动了他们的情绪,引发了他们拍照合影的潮流。当然,熊爪咖啡的经营者其实是聋哑人,因为不方便交流,所以采用了这种方式,这背后的故事更是打动人心。

图5-6　熊爪咖啡

(二) 积累粉丝

在以社交为主的平台上，优质粉丝异常重要，它们决定了内容的原始引爆点。粉丝越多、黏性越强，内容传播量就越大。图5-7为百万粉丝的母婴大V账号年糕妈妈公众号的某篇文章截图，可以看到对于有粉丝基础的账号来说，它的阅读量很轻松就可以达到10万次。但是，对于缺乏粉丝基础的新账号来说，文章的原始流量就非常少，想要变成爆文的可能性就很低。由此可见，文案传播的优化需要建立在粉丝基础上，这并不仅仅只是靠一篇文章就可以做到的，需要长久稳定地进行有价值内容的输出，才能慢慢积累起粉丝。

图5-7　年糕妈妈公众号推文截图

(三) 社交行为

人与人在网络上进行传播基于网络社交行为。通过用户的点赞、转发、评论等行为，实现一个圈层向另一个圈层的传播。因此，在文案策划过程中，创作者可以思考如何诱发这些网络社交行为，最简单直接的方式就是通过活动去刺激。图5-8为微博上的社交行为。被点赞的内容会显示在点赞者的微博首页，进入该用户的页面就可以看到。关键意见领袖对社交平台传播量的影响极大，如果你在微博上发的内容，有粉丝众多的关键意见领袖点赞或者转发，那么阅读量也可以达到平时的很多倍。因此，我们在微博上进行文章发布的时候还可以主动@一些关键意见领袖，如果你的内容足够优质，就可以获得点赞或者转发。同时，有些商家为了扩大宣传效果，会设置激励措施，比如转发评论就有机会得到小礼物或者参与抽奖。利益驱使，大家也会进行转发评论。

图5-8 微博上的社交行为

四、算法传播优化

以抖音、小红书、今日头条等为代表的内容电商平台，依托平台算法，给用户分发合适的内容。想要在这类平台优化传播表现，就要先了解他们的算法体系，结合平台的算法进行优化。在这类平台上，一篇文案内容分发的算法往往要经过审核、消重、推荐三个步骤。

(一) 审核

审核，是指文章中不能出现违反法规和平台规则的内容，以及其他禁止出现的事项。如果有相关内容出现，则这篇文案内容就会被屏蔽。现有的审核包括机器审核和人工审核，机器审核为主，人工审核为辅。机器和人工会对文章进行过滤，根据文章具体情况，决定是否推荐给用户。审核一般发生在文案内容发布的5分钟内，最迟不会超过24小时。无论是哪种审核，只要文案内容出现以下问题，就不会被推荐。

1. 内容不规范

标题中含有错别字、特殊符号、比较级、最高级的；标题内容涉及敏感信息、不雅恶俗信息的；正文格式乱码、无标点、未分段的，版面不完整、有缺失的或者段落、图片重复的。

2. 内容不健康

发布的内容是网络的旧闻，或者大部分搬运非原创的；内容涉及违法违规、低俗色情、危险行为、敏感话题的，都为内容不健康。

3. 恶意推广

内容中含有推广、广告、恶意推广信息等。例如，图片中加二维码、小程序码，或者夹杂联系方式、其他平台账号、地址、邮箱等。

(二) 消重

消重，就是系统对重复、相似、相关的内容进行比对，使过度相似的内容不同时出现在用户信息流中。消重可以优化用户的阅读体验，给更优质内容曝光的机会，毕竟用户都不喜欢看重复的内容。因此，原创的作品在这类平台上会更加容易获得传播，这也鼓励创作者们不断进行原创。创作者可以从以下两方面消重，从而获得更多推荐。

1. 主题消重

主题消重，是指系统会对同一事件的文章进行消重，毕竟用户不想在同一时间内看到太多相似的主题内容。这就提醒创作者谨慎选择热点。每当有社会热点事件或者话题出现的时候，媒体、自媒体、KOL一拥而上，竞相报道事件细节或者发表观点，这样就会导致用户打开抖音、微博刷出来的都是类似的话题。但是对于用户来说，需要的其实并不是反复看到相同的信息，如果有足够优质的报道或者观点的话，其实看有限的几条就够了。因此，创作者应该重视选题的时效性，在热点发酵的当下立即做出反应，争取成为发声的"第一人"，从而避免与他人主题重复。

2. 内容消重

内容消重，是指系统会将文本、标题、图片等转换成具有一连串数字代码的信息指纹，每篇内容都有唯一的信息指纹。相似的内容具有相似的信息指纹，系统只推荐最权威、发布时间最早、标记原创的那篇内容，其他相似内容都会被消重，不会推荐到用户信息流中。

避免内容消重最好的方法就是坚持原创。如果内容完全是你原创的，那一定是独一无二的，自然就不用担心消重的问题了。除此之外，还要注意内容中图片、标题的设计，一旦"撞款"，也有可能被消重。尽量在一些专业的图片素材库找图片，这样的图片不容易重复，质量也会比较好；尽量挖掘自己的创意拟出一些别出心裁又有吸引力的标题，尽量少用网络上常见的标题套路，以免"撞款"。

(三) 推荐

审核、消重通过的文案内容将由平台推荐分发给用户。平台在进行推荐的过程中，后台系统会先通过标签识别筛选合适的用户，再结合流量池的表现进行分批推荐。

1. 标签识别

标签识别有两个步骤：先对文案内容进行内容识别，再进行人群匹配。

(1) 内容识别就是给文章贴标签的一个过程，系统会根据文章出现频率提取关键词，从而进行判定。所以在行文的时候用词必须规范，避免使用一些有可能混乱标签的网络语言，进行主要关键词的优化。

(2) 文案在贴上标签之后，还需要去寻找合适的人群。当用户下载并注册抖音、小红书、今日头条等软件时，App便对用户的基本信息便有一定的了解，如性别、年龄、城市、使用机型、常用App等。这是最初始的用户画像。接着，系统会根据用户浏览习惯或喜欢的内容进行用户画像的细化，打上标签。在分发文案内容的时候，系统通过内容标签和人群标签进行匹配，从而选择合适的投放人群。

2. 分批推荐

人群匹配好之后，系统在推荐时并不会全量推荐，而是分批次推荐给对其感兴趣的用户。文案内容首先会被推荐到和它最为匹配的受众，而这些用户产生的交互数据将决定了系统是否加大推荐的范围。其中的数据包括点击率、收藏数、评论数、转发数、完读率、页面停留时间等。所以文案内容的影响力能有多大，还得看它是否优质，因为只有优质的内容才能获得好的用户响应。具体数据分析和优化的内容，我们将在下个任务中进行详细阐述。

项目实施

实训演练

实训任务5-1　传播优化

1. 实训目标

通过本任务的训练，学生能够了解电商文案传播的机制，掌握电商文案传播推广的方法，进行电商文案的传播优化，了解国家《电子商务法》的相关规定，维护风清气正的网络环境。

2. 实训背景

武义县唐风温泉度假村酒店针对网络情人节，推出了"520"限定套餐。为了扩大宣传，网络部的工作人员撰写了一篇文案，发布于酒店微信公众号上，请大家阅读该篇文案，并结合所学知识，对该文案进行优化，使其获得更好的传播效果。

3. 相关资源

"浙江唐风温泉度假村有限公司"微信公众号。

4. 实施步骤

(1) 以电商文案小组为单位，填写任务记录单(见表5-1)，并完成下列操作内容。

表5-1　任务记录单

实训时间	
实训地点	
小组成员姓名	

(2) 阅读"浙江唐风温泉度假村股份有限公司"微信公众号关于"520"的推文《520限定开售，唐风温泉邀您一起共度》(扫描二维码可见)，并了解活动详情。

(3) 根据搜索传播机制，寻找该篇内容的核心关键词，并对文案内容进行重新排版，对该文案进行关键词优化。

(4) 根据社交传播机制，为该文案设计社交活动，从而提高该文案的社交传播度。

社交活动：_____

(5) 根据算法传播机制，对文案内容进行标签优化。

产品标签：_____

用户标签：_____

场景标签：_____

关键词标签：_____

(6) 结合上述步骤，优化原有的文案内容，并进行重新排版。

5. 实训评价

实训评价内容、评价方式及对应的分值见表5-2。

表5-2 实训评价表

评价内容	分值	小组互评	教师评价
按照要求完成训练内容	20		
文案关键词设定合理、符合要求	10		
文案关键词布局合理、符合要求	10		
社交活动设计合理、有创意	20		
标签设置合理、符合要求	20		
团队成员合作，配合默契，共同完成任务	20		
总分	100		

任务二　数据分析与优化

扫码看视频

知识学习

引例

1天涨粉72.6万人，想象力教育成吸粉利器

近期来自不同赛道的账号都在内容中加入了"亲子""教育"等元素。比如，生活号"虎妈和子成"就靠母子共同出镜的"创意手工展示"，1周涨粉123万人，其中11月1日当天更是爆粉72.6万人。账号在10月31日发布了一条《香菇这辈子都想不到自己有一天能变成"动物"》的视频，该视频获赞332.8万次，账号大量的涨粉就来自这条视频。

在这条12秒的视频中，孩子依靠丰富的想象力，让常见的香菇摇身一变，成为形神兼备的"小乌龟"(见图5-9)，令人称奇。视频爆火后，账号在近期的作品中均采用了相似的"套路"：孩子将红薯、茄子等生活中常见的食材，改造成刺猬、高跟鞋等另一种常见的物品，打破观众固有认知，创意十足。值得一提的是，视频中妈妈通常以旁观者的形象出现，用满脸写着"嫌弃"的眼神看着孩子，让观众更容易随着妈妈的视线，将注意力集中在孩子的作品上。同时，妈妈的表情也令观众引发极强的代入感，让视频更具看点。

从用户画像来看，该账号粉丝性别分布较为平均(见图5-10)，年龄主要在41岁以上，可见亲子的内容对"有娃一族"更具吸引力。近年来，家长对孩子的教育不再局限于分数，而更看重孩子的想象力、创造力及心理健康。在创作该题材内容时，如果创作者能结合生活化的场景，更有助于账号IP的打造。

图5-9　"虎妈和子成"账号数据截图　　　图5-10　"虎妈和子成"账号用户画像

【资料来源：飞瓜数据.1天抖音涨粉72.6万人，视频爆赞332万次，它释放了哪些流量信号】

【引例分析】近年来，家长越发重视孩子的想象力、心理健康等综合素质的培养，创作内容时结合亲子互动等生活化的场景，更能引起观众共鸣。我们往往会根据内容的阅读量、评论数、点赞数、粉丝数等的增量多少来判断内容质量的好坏。通过这些数据指标，不断试错和反馈迭代，是精细运营的重要法则。

一、相关数据概况

内容创作的好坏最终是由用户说了算的，数据是最直观的表现。在内容创作的后台，可以看到一些数据分析页面。图5-11为微信公众号的数据界面，图5-12为抖音某短视频的数据界面。通过界面上的这些数据，我们可以发现自身创作过程中存在哪些不足，之后总结经验教训，做好内容的优化。

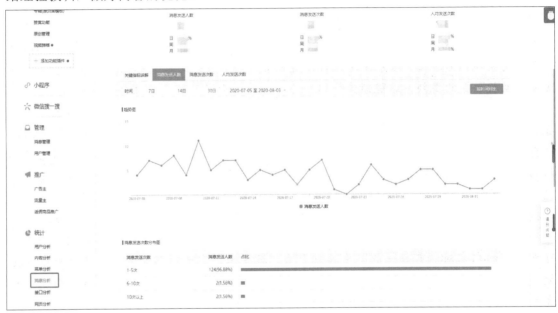

图5-11　微信公众号数据界面

图5-12　抖音某短视频数据界面

和内容相关的数据，创作者主要需要关注这四类：第一类是阅读/播放数据，包括阅读量/播放量、平均阅读/播放时长、完读率/完播率等；第二类是互动数据，包括点赞率、评论率、转发率、互动率等；第三类是粉丝数据，比较有代表性的有粉丝观看量、转粉率、粉丝画像等；第四类是销售数据，如引导订单数、转化率等。

(一) 阅读/播放数据

这一类数据对于文案内容分析来说是最基础的数据，可以非常直观地告诉创作者内容被点击、查阅的情况，从而分析该内容是否实现了传播的效果。这一类数据包括但不仅限于阅读量、播放量、平均阅读时长、平均播放时长、完读率、完播率等。

1. 阅读量/播放量

阅读量/播放量，是指阅读这篇文章或者播放这个视频的次数，也就是这个内容总共被点开了多少次。用这个数据指标，我们可以初步判断该内容传播的受众有多少。如图5-13为某短视频的播放量数据。

2. 平均阅读/播放时长

平均阅读/播放时长，是指平均每人次阅读文章或者播放视频的时间。在网络上，大家可以随时点开感兴趣的内容，也可以随时关闭不感兴趣的内容，因此平均阅读/播放时长越长，就说明你的内容更受目标人群的喜欢，表明他们愿意花更多的时间来看。图5-14为某短视频平均停留时长数据。

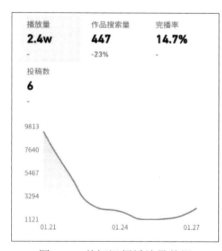

图5-13　某短视频播放量数据

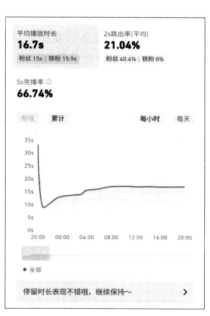

图5-14　某短视频平均停留时长数据

3. 完读率/完播率

完读率/完播率，是指能够完整看完文章或者视频的人数比重。对于不感兴趣的内容，用户就会关掉，停留时间很短，而用户把一篇文章或一个视频全部看完，则说明该内容比较吸引他，同时也说明该内容的质量较高。完读率/完播率这个指标是平台衡量内容质量好坏的一个重要标准。图5-15为某短视频的完播率数据。

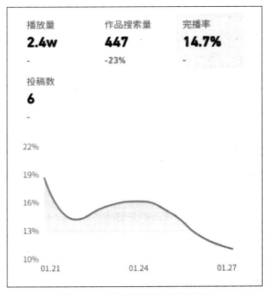

图5-15　某短视频完播率数据

(二) 互动数据

互动数据是指用户在观看内容的过程中或者看完内容之后是否采取行动的量化。互动行为主要由点赞、评论、转发三个部分组成。不论是视频还是图文类的内容，能够触发到用户感兴趣的点，就会引发用户进行互动。互动也是许多内容电商平台的推荐因素之一。图5-16为某短视频的互动数据。

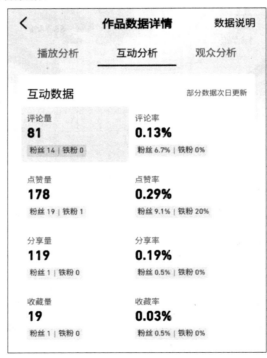

图5-16　某短视频互动数据

1. 点赞量

点赞量，是指某篇内容获得的用户点赞数量。对于用户而言，只需要单击屏幕就能点赞，只要用户在查看内容的过程中发现了能让自己为之兴奋的点，基本就能输出这一行为。但需要注意的是，这类简单行为往往只能反映内容里有用户感兴趣的"点"，无法保证整个内容在"面"上也是吸引用户的。从用户视角而言，也许内容整体本身吸引力不够大，但其中个别文字、观点、图片、视频等，都可能触动他。如果能有技术追踪到用户在读过哪个段落之后、看过视频中哪个片段之后，触发的点赞行为，则能够最直观地告诉创作者引发点赞行为的这个"点"。

2. 评论量

评论量，是指某篇内容获得的总的用户留言的数量。相比点赞的简单行为而言，评论则是"成本更高"的行为，更能够显示出用户对于内容的认可程度。当然，有的评论可能是不满情绪的宣泄。无论是哪种情绪，评论这一行为可以为内容带来更多关注与流量，即便是评论区"互撕"，这种互动行为也有可能让内容"黑红"一把。

3. 转发量

转发量，是指某篇内容被用户转发的次数总和。转发可以让内容实现二次传播，扩大内容的传播面。人们采取转发这样的行为，说明内容中或多或少带有了社交货币的属性，激发了人们想要分享的欲望。

4. 互动率

互动率，是指有互动行为(包括点赞、评论、转发)的人数与总观看人数的比重。互动率是判断用户黏性的一个重要指标。

(三) 粉丝数据

粉丝数据主要考量文案内容对于粉丝的影响，其中的关键数据有粉丝观看量、转粉率和粉丝画像。粉丝的情况对于内容后续变现有一定的影响，因此，粉丝相关数据也是店铺或者账号变现能力的一种体现。

1. 粉丝观看量

粉丝观看量，是指已经关注账号的粉丝人群的观看次数。粉丝是对于企业来说黏性比较高的一部分人，推送的内容在第一时间呈现给粉丝。粉丝的观看量可以用来判断店铺或者账号粉丝的活跃程度，也是内容传播的一个基础数量。图5-17为某短视频的播放数据，从播放量可以看到粉丝观看的比例。

2. 转粉率

转粉率是用来判断内容吸粉能力的一个重要依据，它是由新增粉丝数和非粉丝观看人数的比值计算得出的。新用户观看内容之后，通常会有一个漫长的转化周期，这也是一个信任不断建立的过程。想要新用户变为粉丝，彼此建立信任，有时候仅仅依靠一两篇文章是无法做到的。图5-18为某短视频的观众数据，通过吸粉量可以计算出该条视频的转粉率。

图5-17　某短视频粉丝观看量

图5-18　某短视频观众数据

3. 粉丝画像

创作者可以从账号后台获取粉丝的相关信息，也可以通过蝉妈妈、飞瓜等数据分析软件获取头部达人的粉丝画像。粉丝画像包括粉丝的年龄、性别、地域、兴趣偏好等。通过对这些数据的分析，我们可以判断内容与人群的匹配程度，为后续的账号内容选题与创作做好准备。图5-19为抖音某账号的粉丝画像。

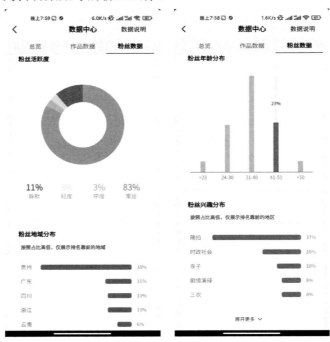
图5-19　抖音某账号的粉丝画像

(四) 销售数据

内容的变现能力通过销售数据来体现。对于创作者来说，需要关注的是引导订单数和转化率。

1. 引导订单数

引导订单数，是指通过内容直接引导下单的订单数量。该指标可以用来直接判断某篇内容是否具有商业价值。有些数据分析软件可以更加精准地获取到是内容的哪个部分引导用户进行转化的，创作者就可以更好地进行优化改进。

2. 转化率

转化率，是指最终转化为成交客户的用户在所有观看内容用户中的比例。提升转化率是提升成交数据的直接方法。

二、相关数据优化

内容创作者都致力于创作出爆款内容，不过爆款内容的出现是可遇不可求的。面对"成绩平平"、数据一般的内容作品，创作者们要如何进行数据分析和优化呢？接下来，我们就针对四类数据中最具代表性的几个关键数据来看看优化的方法和思路。

(一) 完读率/完播率

如果内容的完读率/完播率较低，说明完整看完该内容的人较少，那么我们需要引导用户看完这则内容。可以考虑的优化思路有以下几个。

1. 优化内容的排版

赏心悦目的东西总是更能够吸引目光，排版精良、逻辑严密的内容更能够吸引用户不知不觉地看完。

2. 开门见山

可以在内容开头就说明主题，制造悬念，让用户为了找寻答案继续观看。这就如同悬疑剧情一样，不到最后一刻，谁都不知道结果是什么，用户为了知道这个结果，就会一直看完文章或者视频。如图5-20所示，视频一开始，就设置了悬念，"儿童房太小怎么办"这可能是很多正在装修的人群苦恼的问题，那么他们想在这个视频里得到解决方案，就会不知不觉地看完视频内容。

3. 控制篇幅

内容的篇幅越短，看的时间就越短，所以，缩短时间其实也是提高完读率/完播率的一种方法，例如微博、微信在发布的时候一般都是会把字数控制在150字以内，而短视频很多以15秒为佳。

(二) 互动率

如果内容的互动率较低，说明内容缺乏价值，既不能给用户提供知识价值，也不能触动他们的情感，用户自然不会有反应。因此，要重点提升内容的价值感，同时也可以通过话术引导、活动刺激等手段，让用户"动"起来，毕竟像点赞这种互动，操作起来比较容易，稍加引导就会有比较好的效果。例如，某博主发了几张自己拍摄的照片，问大家哪一张更适合放在客厅装饰。通过问题的引导及选项的设置，很多用户看到了都会把自己的选择留言下来，有效增加了评论的数量，如图5-21所示。

图5-20　设置悬念短视频示例　　　　图5-21　某话题的引导互动

(三) 转粉率

转粉率较低，说明用户看了内容之后成为粉丝的概率比较低。要想让人看了内容就关注，一方面要让用户看到账号的价值，即关注了这个账号用户可以获得什么；另一方面要做好关注引导，告诉用户怎么样成为粉丝。图5-22为某母婴公众号关于三亚旅行的推文，该公众号的推文上方都会有一段自我介绍，通过自我介绍来体现该母婴号的专业性，同时还设置了一个小箭头，引导大家怎么关注，关注了可以获得什么价值。这样的方式，可以提高内容的转粉率。

(四) 转化率

转化率低，说明该内容变现的能力较差。遇到这种情况，我们首先需要考虑的是内容与产品的定位是否相符。什么样的内容决定了什么样的接收人群看到，不同的人群购物的偏好也是不同的。比如，美食博主发布和美食相关的内容，吸引的都是喜欢美食的人群，这时候推荐和美食相关的产品转化效果就会更好。其次，在内容中还要突出体现产品的卖点，让观看的用户了解到产品好在哪里，才能激发他们的购买欲。最后，还要在内容中优化转化路径，也就是说，当看到关于该产品的内容时，就可以看到购买链接，可以马上购买。缩短看和买之间的网络路径是提高转化率的一种方法。如图5-23所示，这个短视频正在介绍一款头戴伞帽，同时界面中就出现小黄车和引导购物的箭头，对该产品感兴趣的用户，通过路径引导就可以直接下单，更加方便，减少感兴趣用户的跳失，从而提高该内容的转化率。

爆款内容不是一蹴而就的，每一次的分析和总结都会为后续的创作明确改进的方向，在不断变化中寻求进步。以上的数据分析与优化的方案并不是唯一的，具体优化方案还需要结合具体问题具体分析。

图5-22　某公众号的关注引导　　　　图5-23　某视频优化购买路径

项目实施

实训演练

扫码看视频

实训任务5-2　数据分析与优化

1. 实训目标

通过本任务的训练，学生能够了解和电商文案相关的数据，掌握数据分析的方法，能够根据文案的数据表现进行优化与改进；培养学生独立思考、举一反三和数据分析的能力。

2. 实训背景

扫码查看

请分析"浙江唐风温泉度假村股份有限公司"微信公众号关于"520"的推文《520限定开售，唐风温泉邀您一起共度》(扫描二维码可见)的相关数据，并提出优化建议。

3. 相关资源

"浙江唐风温泉度假村有限公司"微信公众号。

4. 实施步骤

(1) 以电商文案小组为单位，填写任务记录单(见表5-3)，并完成下列操作内容。

表5-3　任务记录单

实训时间	
实训地点	
小组成员姓名	

(2) 分析表5-4关于该公众号文章的相关数据。

表5-4　公众号文章的相关数据

阅读数据					
阅读量	5593	评价阅读时长	9.1s	完读率	4.9%
粉丝数据					
粉丝阅读量	2563	新增粉丝数	14	转粉率	0.47%
互动数据					
评论量	5	点赞量	63	转发量	196
销售数据					
引导订单数	3	转化率	0.1%	客单价	1699

(3) 小组成员讨论，找出你认为需要优化的数据，并提出优化建议，填入表5-5。

表5-5　数据分析及建议

序号	问题数据	原因	优化建议
1			
2			
3			

(4) 结合数据优化的建议，对该文案内容进行优化。

5. 实训评价

实训评价内容、评价方式及对应的分值见表5-6。

表5-6 实训评价表

评价内容	分值	小组互评	教师评价
按照要求完成训练内容	20		
问题数据的分析合理	20		
优化建议具有针对性、可实施性	30		
能对原有文案进行优化	10		
优化后的文案完整、有创意	10		
团队成员合作，配合默契，共同完成任务	10		
总分	100		

任务三　自我优化

扫码看视频

知识学习

引例

人生没有白走的路，尤其是你光脚走过的路

晚上9点，叶小鱼刚刚结束PhotoReading深圳场第一天的培训。作为一个资深的文案培训师，她已经记不清这是自己讲的第几次线下课程了。

"很多人都知道我的成长故事，从月薪3000元的文案小白一步步走到如今的文案培训师，就是凭借着不断的阅读和学习。"叶小鱼说："我刚工作的那几年，基本上所有的工资都用在了买书和学习班上，市面上能见到的文案书、能报上的文案课我都有购买，并且为了有更多机会锻炼我的文案能力，我还免费帮别人写文案，几乎要为文案'掏空'自己。"

高负荷的输入输出，让她在文案的道路上犹如指数爆炸般飞速成长着，从被上司当作"写文案的反面案例"到签下"湘江老厨的品牌营销顾问"，越来越多的机会敲开了她人生的大门。同时，她也创造了很多的文案传奇。例如，受某公众号邀请撰写了一篇文章，帮一家民营小企业卖了30万元的货；一家天猫旗舰店邀请她优化商品详情页，她的文案让单品多赚了23万元；一家公司邀请她做一份营销策划案，让她直接拿到了10万元的报酬；等等。

"当一个人慢慢变得强大时，财富、资源、机会都会找上门，但只有你有足够强大的能力，才能留住它。"叶小鱼这样说道。

【资料来源：公众号"叶小鱼跑跑跑"】

【引例分析】机会总是留给有准备的人，文案的创作能力也不是一朝一夕锻炼出来的。或许我们从前面的任务中可以学习到一些创作方式，但是想要达到更高级别的提升，还需要创作人员通过不断的学习、锻炼，从而实现自我优化。

一、提升工具

这里介绍一些电商文案人员常用的辅助工具，使用这些工具，可以帮助我们提高文案创作的工作效率。

(一) 清单软件

文案创作需要灵感，有的时候灵感一闪而过，如果不及时抓住，一转身就想不起来了。清单类的软件可以帮助文案人员随时记录灵感。有时，这些零散的关键词就是一个不可多得的选题。有些清单软件还可以和日历相结合，直接用来做选题库，非常方便。接下来，给大家介绍几款好用的清单软件。

1. 极简清单

极简清单贯彻了"极简，是另一种极奢"的设计初衷(见图5-24)。它的功能不多，化繁为简，但是极为实用。下拉创建新清单；右滑标记为已完成，再右滑则撤销操作；左划删除待办事项；长按待办事项可进行排序；通过摇一摇的功能，对已完成的待办事项进行归档。简单的操作非常适合文案人员进行灵感的记录。

2. 指尖时光

指尖时光(见图5-25)是一款既能帮用户树立和完成目标、养成好习惯，也能帮用户合理安排时间、规划日程的App。指尖时光App可以直接在日历中记事，将选题和日期相结合，制作属于自己的营销日历，同时可以提醒用户有哪些内容还没有完成，帮助用户更好地规划工作。

图5-24　极简清单App

图5-25　指尖时光App

(二) 思维训练软件

在之前准备篇文案创意的任务学习中，我们讲到文案人员对于创意思维的训练是非常重要的。那么，给大家推荐几个适合进行创意思维训练的软件。

1. Teamind

Teamind是一个支持多人协作的在线白板，致力于通过可视化协作提升团队的协作和生产效率，被广泛用于头脑风暴、复盘、协同创作、问题讨论、企业内外训、敏捷开发等一系列场景。有了在线白板，参与者轻松就可以组织富有成效的头脑风暴活动(见图5-26)，从鼓励参与者尽可能发散地创造更多想法到讨论演绎，再到收敛形成结论，白板加便签、计时器、演讲、投票这一系列工具都可以在头脑风暴中灵活使用。

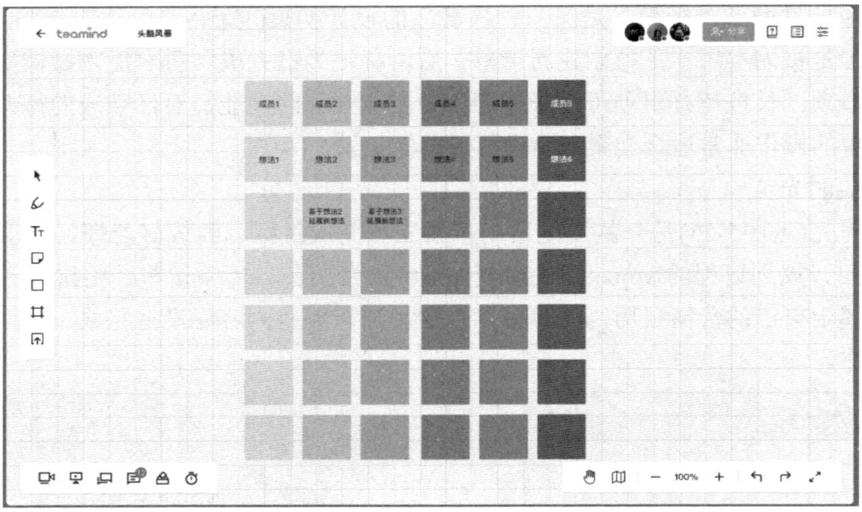

图5-26　Teamind头脑风暴活动界面

2. Mindmaster

MindMaster思维导图(见图5-27)是深圳市亿图软件有限公司推出的一款跨平台思维导图软件。该软件提供了丰富的智能布局、多样性的展示模式，结合精美的设计元素和预置的主题样式，努力帮用户打造一款真正的效率工具。文案工作人员可以利用Mindmaster软件进行知识管理、读书笔记、会议管理、项目规划、思维管理等工作。

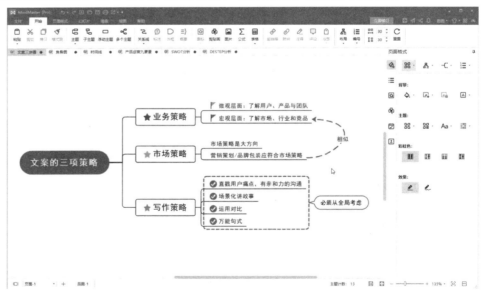

图5-27　Mindmaster思维导图界面

(三) 写作助手

写作助手类软件可以帮助我们在创作的时候找到更好的句子，或者选择更好的词汇。现在也有很多的AI文案合成软件，可以快速合成文案，帮助提升文案质量。

1. 阿里妈妈智能文案

阿里妈妈智能文案(见图5-28)是阿里妈妈创意中心推出的一款AI文案产品，结合淘宝、天猫的海量优质内容，加上自然语言算法，可自动生成商品的高质量文案。阿里妈妈智能文案可以通过产品链接，直接匹配创作出与产品相关的文案，而文案人员就可以在AI机器人创作的基础进行优化改进，大大提高了工作效率。

图5-28　阿里妈妈智能文案

2. 押韵助手

押韵助手是一款书籍阅读类软件，可以帮文案人员找到一起押韵的单词，帮助提升文案的质量，尤其适用于传播性高的短文案的创作。图5-29为押韵助手关于"玫瑰"的相关押韵词推荐。

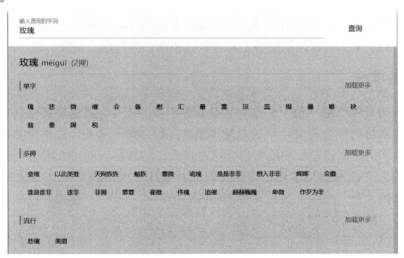

图5-29　押韵助手关于"玫瑰"的相关押韵词推荐

(四) 内容处理工具

文案人员在进行内容创作的时候，要对不同的内容形式进行处理，运用一些专业性的软件可以让图片、视频、音频等内容的处理更加方便快捷。例如，针对文章中的配图，我们可以通过千图网、花瓣网等图片素材平台，下载合适的图片，再通过稿定设计、醒图等图片处理软件优化、美化图片，提升文章的视觉效果。

1. 视频剪辑工具

文案人员可以通过视频剪辑工具对拍摄的原视频进行加工，并通过背景音乐、音效、配音、字幕、转场等元素的添加与设计，让视频内容更加丰富，获得更好的视频传播效果。有些视频剪辑工具会提供一些拍摄模板，直接套用可以快速高效地拍摄出有意思的视频内容，非常方便。目前，市面上使用比较多的视频剪辑工具有剪映、Pr、Vue、达芬奇等。

2. 作图工具

好的电商文案，配图也是很讲究的。将原图片通过作图工具处理、美化后，会取得更好的视觉效果。而且，不同平台的配图要求都会有尺寸、审美偏好上的差异，有些作图工具直接提供主流平台的配图模板，方便创作者快速制作出适合的图片。常用的作图工具有两类：一类是带相机功能的，比如黄油相机、美图秀秀、醒图等；另一类是只有图片编辑、处理功能的，比如稿定设计、图怪兽、创客贴等。

3. 排版工具

文案的排版是提升文案整体视觉效果的重要方面，尤其是一些篇幅较长的文案，如果没有经过排版，阅读起来就比较困难。而这些，常用的写作文档又无法实现，这时候就可以借助线上排版工具来完成。这些工具会提供各种风格的文案模板、H5模板，我们选择合适的进行编辑就可以了。文案人员常用的排版工具有秀米编辑器、135编辑器等。

4. 配音工具

听感是人重要的感官之一。文案内容配上合适的声音，可以给阅读者带来视觉、听觉的双重刺激，加深内容的传播效果。尤其对于视频来说，配音更加重要。可是，一般文案人员自身的声音条件不是很好，也没有专业的设备进行录音，这时候就可以借助配音工具。配音工具中有多种个性化人声以供选择，输入文字后便可进行朗读，不需要专业设备也可以完成配音。电商文案人员常用的配音工具有讯飞快读、牛片场、蜜蜂剪辑、配音家等。

二、提升平台

文案能力的锻炼不是一朝一夕的，需要不断学习、提升。就像是传统武术人员和拳击手，经历长年累月的练习之后，除了力量和抗击打能力优于常人，更重要的是他们在受攻击时的应变力和辨别回击时机的能力也会超过常人，这就是长期训练所培养出来的感觉。

在互联网上，面对网络事件，电商文案人员要比一般网民有更高的敏锐度。在进行内容创作的时候，电商文案人员也要对创作内容的结构、节奏、排版、色彩等是否吸引用户有着良好的判断。这些都是电商文案人员在日常生活中培养起来的网感和美感。豆瓣、知乎、梅花网(见图5-30)这些都是适合文案人员日常逛的平台，逛久了，看多了，内容创作的感觉就会慢慢培养起来了。此外，还有一些提供文案素材的平台，比如小鸡词典、文案狗，可以帮我们了解到现在网络流行的语言词汇，让我们保持"文案嗅觉"的灵敏。最后，还有一些数据分析的平台，例如飞瓜、蝉妈妈，通过对一些热门平台的数据的整理，我们可以了解行业环境，及时发现行业动态。这些平台都是电商文案人员在日常工作中会经常使用的，都可以培养文案人员的职业素养。

图5-30 梅花网首页

同步测试

学一学

扫码做题

延伸阅读

抖音发布2023博物馆数据报告

2023年5月18日是第47个国际博物馆日，抖音发布《2023博物馆数据报告》(以下简称"报告")。报告显示，过去一年，抖音上博物馆相关视频播放总量为513.4亿次，相当于全国博物馆一年接待观众人次的66倍；相关视频累计时长达24万小时，在抖音看完所有博物馆内容需要27年，如图5-31所示。

借由短视频，用户欣赏文博内容从曾经的隔窗观物转变为如今的即时互动。这一年间，共有2013万抖音用户发布过博物馆相关视频。故宫博物院登上抖音最受欢迎的博物馆、用户最爱打卡博物馆两榜的榜首。"00后"群体偏爱博物馆相关内容。

国家文物局日前公布数据显示，截至2021年，全国备案博物馆共有6183家，其中国家三级以上博物馆达1218家。99.13%的国家三级以上博物馆内容，均能在抖音找到。在抖音云逛馆渐成热潮。抖音最爱看博物馆相关视频的省份前五为广东、江苏、山东、河南、浙江；文博内容借短视频走向更多年轻受众，喜欢看博物馆相关视频的"00后"占"00后"群体比例相较其他年龄层同类占比最大，"00后"对此偏好度最高，如图5-32所示。

线上直播已成时代风尚。过去一年，博物馆相关内容累计开播11.6万场，同比增长60%，观看8.2亿人次，总时长达2319小时；军事博物馆、故宫博物院、秦始皇帝陵博物院，获抖音直播观看人数最多的博物馆前三名，如图5-33所示。

图5-31　抖音发布2023博物馆数据报告1　　图5-32　抖音发布2023博物馆数据报告2

图5-33　抖音发布2023博物馆数据报告3

网友扎堆在抖音云上考古，让"睡在博物馆"的文物"活起来"。抖音最受欢迎的十大镇馆之宝为千里江山图、兵马俑、清明上河图、富春山居图、金缕玉衣、越王勾践剑、马踏飞燕、簪花仕女图、翠玉白菜、青铜神树。在抖音认知文物，读懂历史文明精粹，正在成为人们的一种习惯。

【资料来源：袁梦.抖音发布2023博物馆数据报告，覆盖99.13%国家三级以上博物馆内容】

参考文献

[1] 章萍,成淼,廖敏慧.电子商务文案策划与写作[M].北京:人民邮电出版社,2023.

[2] 林海.电子商务文案写作[M].北京:高等教育出版社,2021.

[3] 喻红艳、陈庆盛.电商文案创意与写作[M].北京:人民邮电出版社,2020.

[4] 许显锋.种草文案:月销百万的推文写作技巧[M].北京:中国经济出版社,2020.

[5] 王萍、耿慧慧、王宇昕.短视频+直播:电商文案策划与编写[M].北京:化学工业出版社,2021.

[6] 叶小鱼,勾俊伟.新媒体文案创作[M].北京:人民邮电出版社,2021.

[7] 叶小鱼.文案变现[M].上海:东方出版中心,2019.